edition suhrkamp
Redaktion: Günther Busch

Bertolt Brecht, geboren am 10. Februar 1898 in Augsburg, starb am 14. August 1956 in Berlin.
Die Tage der Commune entstanden in den Jahren 1948/49 in Zürich und Berlin als Gegenentwurf zu Nordahl Griegs Drama *Die Niederlage*. Das Stück zeigt den Aufstieg und Fall der kleinen Familie Cabet aus dem Arbeiterviertel in den dreiundsiebzig Tagen der Pariser Commune zwischen März und Mai 1871. Die Fabel konzentriert sich auf die Familie. Im Gegensatz zur bürgerlichen Tragödie, in der das Volk gerade gut genug war, die historischen Ereignisse zu ermöglichen, werden hier die historischen Ereignisse den Bedürfnissen des Volkes unterworfen: die kleinen Anliegen der Cabets werden der politischen Öffentlichkeit nicht mehr geopfert; sie sind es gerade, die diese Öffentlichkeit voll und ganz beanspruchen. Der Aufstand scheiterte, nicht weil ihm die Kraft fehlte, sondern die Organisation dieser Kraft.
»Die großen öffentlichen Denkprozesse, Erfindungen beantworten direkt Notstände, das Gehirn der Bevölkerung arbeitet in vollem Licht.« *Bertolt Brecht*

Bertolt Brecht
Die Tage der Commune (1948/49)

Suhrkamp Verlag

Geschrieben 1948/49
Mitarbeit R. Berlau

edition suhrkamp 169
Erste Auflage 1966
Copyright 1955 by Suhrkamp Verlag, Berlin. Der Text folgt unverändert der Ausgabe *Stücke*, Band 10, 9.–13. Tausend 1965. Printed in Germany. Alle Rechte vorbehalten, insbesondere das der Übersetzung, des öffentlichen Vortrags, der Rundfunksendung, Fernsehausstrahlung und der Verfilmung, auch einzelner Abschnitte. Das Recht der Aufführung ist nur vom Suhrkamp Verlag, Frankfurt am Main, zu erwerben. Den Bühnen und Vereinen gegenüber als Manuskript gedruckt. Satz in Linotype Garamond bei Georg Wagner, Nördlingen. Druck: Nomos Verlagsgesellschaft, Baden-Baden. Bindung: Hans Klotz, Augsburg. Gesamtausstattung Willy Fleckhaus.

8 9 10 11 12 – 88 87 86 85

Die Tage der Commune

Personen

Mme. Cabet, Näherin · Jean Cabet, ein junger Arbeiter, ihr Sohn · »Papa«, Nationalgardist, Fünfziger · Coco, Nationalgardist, sein Freund · Der beleibte Herr · Der Kellner · Verwundeter deutscher Kürassier · Zwei Kinder · Thiers · Jules Favre · Ein Kammerdiener · Babette Cherron, Näherin, Freundin Jean Cabets · François Faure, Seminarist, nun in der Nationalgarde · Philippe Faure, sein Bruder, Bäcker, nun in der Linientruppe · Geneviève Guéricault, eine junge Lehrerin · Die Bäckerin · Drei Frauen · Pierre Langevin, Arbeiter, Delegierter bei der Kommune · Beslay, Varlin, Rigault, Delescluze, Ranvier – Delegierte bei der Kommune · Vier Bürgermeister · Der Herr Steuereinnehmer · Seine Frau · Zeitungsausrufer · Eine Aristokratin · Ihre Nichte · Marquis de Ploeuc, Gouverneur der Bank von Frankreich · Ein dicker Geistlicher · Ein Portier · Ein alter Bettler · Ein Offizier der Nationalgarde · Bismarck · Guy Suitry, Verlobter der Geneviève Guéricault, Leutnant der Linientruppe · Die sterbende Frau · Nationalgardisten · Delegierte der Kommune · Liniensoldaten · Männer und Frauen

I

Um den 22. Januar 1871. Vor einem kleinen Café auf dem Montmartre, in dem ein Rekrutierungslokal der Nationalgarde etabliert ist. An einem Tisch vor dem Café ein beleibter Herr im dicken Mantel im Gespräch mit dem Kellner. Vorn beraten zwei Kinder, die eine Pappschachtel tragen. Geschützdonner.

KELLNER Monsieur Bracque war dreimal hier, nach Ihnen zu fragen.

DER BELEIBTE HERR Was, Bracque hier, in Paris?

KELLNER Nur für kurz. Hier ein Billett, Monsieur.

DER BELEIBTE HERR *liest:* Man kommt nicht mehr zur Ruhe in diesem Paris. Preise, Prozente, Provisionen! Nun, das ist der Krieg, jeder trägt in seiner Weise bei. Wissen Sie jemand, der gewisse Kommissionen übernehmen würde, jemand mit Mut, aber zuverlässig? Das geht selten zusammen, eh?

KELLNER Man wird jemand finden. *Er bekommt Trinkgeld.* Und Monsieur ziehen es wirklich vor, hier in der Kälte zu warten?

DER BELEIBTE HERR Die Luft ist seit einiger Zeit sehr schlecht in eurem Lokal.

KELLNER *blickt auf das Schild »Bürger! Verjagt die Preußen! Hinein in die Nationalgarde!«:* Ich verstehe.

DER BELEIBTE HERR Wirklich? Wenn ich 80 Frs. für mein Gabelfrühstück bezahle, will ich nicht den ganzen Schweiß der Vorstädte in die Nase bekommen. Und bleiben Sie gefälligst in der Nähe, mir dieses Gewürm – *auf die Kinder* – vom Leibe zu halten.

Eine ärmlich gekleidete Frau und ein junger Arbeiter

kommen. *Sie tragen einen Korb zwischen sich. Die Kinder sprechen die Frau an.*

MME. CABET Nein, ich nehme nichts. Ja, doch, vielleicht nachher. Kaninchen, sagst du? Jean, wie wäre es mit einem Sonntagsbraten?

JEAN Das ist nicht Kaninchen.

MME. CABET Aber er will 14 Frs. 50.

KIND Das Fleisch ist frisch, Madame.

MME. CABET Vor allem muß ich sehen, was sie uns heute bezahlen. Wartet hier, Kinder, vielleicht nehme ich das Fleisch. *Sie will weiter, und aus dem Korb fallen ein paar Kokarden.* Paß besser auf, Jean, sicher haben wir schon unterwegs etliche verloren. Dann muß ich mich wieder fusselig reden, daß die's beim Zählen nicht merken.

DER BELEIBTE HERR Geschäfte ringsum! Geschäfte, Geschäfte, während die Preußen Krieg führen!

KELLNER Kleine und große, Monsieur.

Hinten Marschtritte und Lärm.

DER BELEIBTE HERR Was ist das? Lauf hinüber, du, sieh nach, was da wieder los ist, du bekommst 5 Frs.

Ein Kind läuft weg.

MME. CABET Wir bringen die Kokarden, Emile.

KELLNER Monsieur hat eine kleine Kommission für Ihren Jean, Mme. Cabet.

MME. CABET Oh. Wie freundlich von Ihnen. Jean hat seit zwei Monaten keine Arbeit. Er ist Lokomotivheizer, und die Züge verkehren ja nicht mehr. Hättest du Lust, Jean?

JEAN Ich halte nichts von Kommissionen, Mutter, das weißt du.

MME. CABET Entschuldigen Sie. Jean ist der beste aller Menschen, aber er hat Meinungen. Es ist mit ihm ein wenig wie mit seinem verstorbenen Vater.

Sie tragen den Korb ins Café.
DER BELEIBTE HERR Dieser Krieg dauert nicht mehr lange. Glauben Sie, Aristide Jouve, alle Geschäfte, die mit diesem Krieg gemacht werden konnten, sind gemacht. Da ist nichts mehr drinnen.
Die Gasse herunter kommen drei Nationalgardisten gehinkt, aus der Schlacht zwischen den Forts kommend. Der erste, »Papa«, ist ein Bauarbeiter mittleren Alters, der zweite, Coco, ein Uhrmacher, der dritte, François Faure, ein junger Seminarist, der seinen Arm in der Binde trägt. Mit sich führen sie einen gefangenen deutschen Kürassier, der einen schmutzigen Verband um die Kinnlade hat.
DIE KINDER Ein Fritz! – Hast du Dresche gekriegt, Fritz? – Dürfen wir seine Epauletten anfassen, Messieurs?
»PAPA« Bedient euch.
DIE KINDER Geht es gut, vorn?
»PAPA« Ja, den Preußen!
KIND Aber der Gouverneur kapituliert nicht, heißt es.
»PAPA« Jedenfalls nicht vor den Franzosen, mein Sohn. Wie heißt es? Nieder mit dem Gou...
DIE KINDER ...verneur!
»PAPA« *zum Kellner:* Drei Wein, nein, vier.
KELLNER Sehr wohl. Der Patron besteht darauf, daß vorweg bezahlt wird. Vier Wein, das macht 12 Frs.
COCO Mensch, kannst du nicht sehen? Wir kommen aus der Schlacht.
KELLNER *leise:* 12 Frs.
COCO Sie sind verrückt.
»PAPA« Nein, sie sind nicht verrückt; wir sind's, Gustave. Verrückt ist es, sich zu schlagen für einundeinhalb Frs. pro Tag! Das ist also gerade ein halber Wein bei euch, wie?

Und mit was? Auf welche Weise? *Streckt dem beleibten Herrn sein Gewehr unter die Nase.* Das ist ein Hinterlader aus den vierziger Jahren, gut genug für die neuen Bataillone. Ein anständiges Chassepotgewehr, das den Staat 70 Frs. gekostet hat, würde heute 200 kosten. Mit dem würde man aber treffen, Monsieur.

COCO Rück den Wein heraus, du Hund, sonst setzt's was. Wir verteidigen Paris, und ihr Halsabschneider verdient am Getränk.

»PAPA« Monsieur, wir haben nicht den Stinker davongejagt, die Republik ausgerufen und die Nationalgarde formiert, damit an unsern Anstrengungen verdient wird!

DER BELEIBTE HERR Da haben wir es: die Anarchie! Ihr wollt Paris nicht verteidigen, ihr wollt es erobern, ihr.

COCO Ja? Und du und deinesgleichen besitzt es, wie? *Zu »Papa«:* Der Dicke ist gut. Oder vielleicht soll man sagen: Der Gute ist dick. Die Belagerung schlägt ihm nicht schlecht an, he?

DER BELEIBTE HERR Messieurs, Sie scheinen zu vergessen, wo die Front ist.

Das Kind, das weggelaufen ist, kommt zurück.

»PAPA« Wie ist das? *Zu dem dritten Gardisten, einem jungen Menschen mit dem Arm in der Binde:* François, Monsieur meint, du hast vergessen, wo du die Schramme gekriegt hast.

COCO Monsieur meint, wir sollen immer fest Fritz im Kopf behalten, wenn wir keinen Wein bekommen. Fritz, was ist deine Meinung? Du bist jedenfalls nicht dick. Kellner, ein Wein für Fritz, sonst schlagen wir das Café in Klump. Vier Wein für 2 Frs., hörst du?

KELLNER Sehr wohl. *Ab.*

DER BELEIBTE HERR Sie bleiben hier, hören Sie.

DIE KINDER *singen:* Fritz ist nicht dick. Fritz ist nicht dick.

DAS KIND *das zurückkam:* Monsieur, was Sie hören, ist das 207. Bataillon. Es ist sehr unzufrieden und marschiert zum Stadthaus, die Generäle hängen.

DER BELEIBTE HERR Messieurs, während die Preußen...

»PAPA« Ja, während die Preußen! Die Belagerung! Sprengt den eisernen Gürtel, Bürger! Schlagt die Preußen, und ihr habt wieder Kartoffeln! Wir beginnen zu sehen, wer alles uns belagert. Vor allem Sie und Ihresgleichen. Oder setzen die Preußen die Kartoffelpreise herauf?

DER BELEIBTE HERR Messieurs, ich höre Sie die Kartoffelpreise diskutieren, während auf den Kasematten gekämpft wird...

»PAPA« Gekämpft wird! Sie meinen, gestorben wird! Wissen Sie, was vorgeht? Wir liegen eine ganze Nacht im Regen und Dreck der Felder von Mont Valérien. Und ich mit meinem Rheuma! Der Sturm beginnt um zehn Uhr. Wir stürmen die Redoute von Montretout, den Park von Buzenval, wir stürmen St. Cloud, wir dringen vor bis Garches. Von 150 Geschützen feuern nur 30, aber wir erstürmen Garches ohne Geschützdeckung, wir sind durch, die Preußen sind in wildem Rückzug, dann heißt es von hinten: halt! wir warten zwei Stunden, dann heißt es von hinten: zurück! und Trochu läßt Montretout und alle gewonnenen Positionen räumen. Was bedeutet das, Monsieur?

DER BELEIBTE HERR Ich nehme an, eure Generäle wissen, wo der Feind sein Feuer konzentriert.

COCO Sie wissen es: dorthin schicken sie die Nationalgarde, Monsieur.

DER BELEIBTE HERR Das ist genug. Wißt ihr überhaupt, was

ihr redet? Beschuldigt ihr eure Kommandeure, die Generäle Frankreichs, des Verrats? Vielleicht darf ich euch um Beweise fragen?

»PAPA« Er will Beweise, Gustave. Und wir haben keine. Außer dem Tod. Außer, daß wir hingehen wie die Fliegen. Schön, Sie sind tot, Monsieur WersindSiedoch. Belieben Sie, uns zu beweisen, daß man Sie über den Kopf gehauen hat. Sagen Sie ein Wort, und wir eröffnen das Verfahren. Ah, Sie schweigen? Ich erkundige mich höflich nach Ihren Forderungen, Monsieur WersindSiedoch, und Sie rühren sich nicht!

DER BELEIBTE HERR Man kennt eure Forderungen und Demonstrationen vor dem Stadthaus. Das sind die bekannten Erpressungen der Kommune!

COCO Reden Sie weiter. Wir haben Zeit. Wir erwarten noch das 101., bevor es losgeht.

DER BELEIBTE HERR Das Ganze ist, daß ihr eure Mieten nicht bezahlen wollt. Während Frankreich einen Kampf auf Tod und Leben kämpft, denkt ihr an euren Sold, an die Pensionen! Die Butter ist zu teuer! Aber hütet euch, die Geduld von Paris ist zu Ende. *Die Nationalgardisten stehen stumm.* Die Verräter seid ihr! Aber wir fangen an, eure Zeitungen mit weniger Vergnügen zu lesen, merkt euch das. Genug der Selbstsucht eines gewissen Pöbels. Genug, genug!

Der Kellner kommt zurück mit vier Wein und einer Kasserolle, in eine Serviette gehüllt. Der beleibte Herr winkt ihm ab.

KELLNER Ihr Huhn, Monsieur.

COCO Monsieur, Ihr Huhn!

DER BELEIBTE HERR Ich werde sehen, daß man Sie hinauswirft.

Ich bin fertig mit euch und der ganzen Nationalgarde. Wagen Sie nicht ...
Der beleibte Herr entfernt sich fluchtartig.
DIE KINDER Monsieur, die 5 Frs.! *Ab, hinter dem Herrn her.*
KELLNER Messieurs, ich gestatte mir, Sie zu einer Erfrischung einzuladen.
COCO *will dem Kürassier ein Glas reichen:* Da, Fritz. Ach, zum Teufel, du kannst ja nicht, du armes Luder. Dann auf dein Wohl!
Sie trinken. Aus dem Café kommen Mme. Cabet und ihr Sohn, immer noch den Korb tragend.
JEAN *zum Kellner:* Wo ist der Herr, der mir eine Kommission geben wollte?
Der Kellner bedeutet ihm zu schweigen. Da erkennt der junge Verwundete die Cabets.
FRANÇOIS Mme. Cabet!
JEAN François!
MME. CABET François, sind Sie verwundet? Ich muß Sie bitten, Ihren Teil der Miete für das Zimmer zu bezahlen. Sie wissen, die Regierung verlangt, daß jetzt die rückständigen Hausmieten bezahlt werden. Und drinnen nehmen sie mir meine Kokarden nicht mehr ab. Ich bin ruiniert, man wirft uns auf die Straße.
FRANÇOIS Aber Mme. Cabet, ich habe meinen Sold nicht ausbezahlt bekommen seit drei Wochen. Es ist mir auch ein bißchen schlecht im Augenblick.
MME. CABET Aber wann wirst du bezahlen? Lachen Sie nicht, Messieurs, er ist mein Hausherr.
COCO Ja, François, wann wirst du bezahlen? Madame, wir verstehen Ihre Besorgnisse. Wir können Ihnen nur sagen, daß eben zwei Bataillone, zurück aus zweitägiger Ausfall-

schlacht, auf dem Weg zum Stadthaus sind, um einige kitzlige Fragen an die Regierung zu stellen.

»PAPA« Darunter kann sehr wohl auch die nach der Stundung von unser aller Mieten sein. Inzwischen können wir Ihnen nur anbieten, als ein kleines Entgegenkommen von unserer Seite das Huhn hier anzunehmen, das ein Herr bestellt, aber nicht gegessen hat.

Sie führen Mme. Cabet zum Tisch vor dem Café, nehmen aus den Händen des Kellners die Kasserolle und servieren Mme. Cabet elegant das gebratene Huhn.

»PAPA« Garçon, der Patron täte gut, in Zukunft die feineren Kunden um vorherige Bezahlung zu bitten. Es könnte sein, daß Umstände eintreten, die es unmöglich machen, wohl zu speisen. Wirst du Ungelegenheiten haben?

KELLNER Beträchtliche, Monsieur. Ich werde mich entschließen müssen, mich Ihnen anzuschließen. Vielleicht bezahlt die Regierung das Huhn für Mme. Cabet? Zwei Bataillone der Nationalgarde werden allerdings eben ausreichen, eine solche Forderung durchzusetzen.

COCO Auf Ihr Wohl, Madame!

»PAPA« Guten Appetit! Das 101. betrachtet es als eine Ehre, Sie als Gast zu haben.

MME. CABET Messieurs, Sie sind sehr liebenswürdig. Ich habe zufällig heute nicht besonders viel im Magen. Huhn ist mein Leibgericht. Erlauben Sie, daß ich meinem Jean etwas abgebe?

JEAN Vielleicht interessiert es hier in diesem Kreise, warum sie da drinnen Kokarden nicht mehr abnehmen. Die Beamten dort sehen angesichts neuerer Weisungen von oben die Rekrutierung zu den neuen Bataillonen der Nationalgarde für beendet an.

COCO Was ist das? Hast du das gehört, »Papa«?
»PAPA« Ich rege mich nicht auf. Sie kommt mit ins Stadthaus.
COCO Haben Sie verstanden, Madame? »Papa« will, daß Sie mit uns ins Stadthaus kommen und Ihre Kokarden vorzeigen, die man nicht mehr braucht. Legen Sie Ihr Huhn dazu in den Korb.
FRANÇOIS Hier kommt auch das 101.!
Hinter und über dem Bretterzaun sieht man das 101. Bataillon vorüberziehen, Bajonette, auf die Brotlaibe gespießt sind, Fahnen. Die Gardisten helfen Mme. Cabet auf und nehmen sie mit weg.
»PAPA« *auf Jean:* Was ist mit dem da? Warum kämpft er nicht? Sind wir ihm zu links, wir von den neuen Bataillonen?
MME. CABET O nein, Monsieur. Ich glaube, ein bißchen zu rechts, entschuldigen Sie vielmals!
»PAPA« Ah!
JEAN Und betrachten Sie mich von jetzt ab als einen der Ihren, Messieurs. Ihr neues Marschziel sagt mir zu.
»Papa« nimmt François' Käppi und setzt es Jean Cabet auf.
FRANÇOIS Ich habe mich schon stark gelangweilt ohne dich.
Sie entfernen sich. Der Kellner wirft die Serviette auf das Tischchen, dreht die Lampe aus und will ebenfalls folgen. Da fällt sein Blick auf den Kürassier, der vergessen worden ist. Er scheucht ihn mit Handbewegungen auf und treibt ihn hinter den Gardisten her.
KELLNER Vorwärts, Fritz, vorwärts.

25. Januar 1871. Bordeaux. Thiers und Jules Favre im Gespräch. Thiers ist noch im Bademantel. Er kontrolliert die Temperatur seines Badewassers und läßt durch den Kammerdiener heißes und kaltes Wasser zuschütten.

THIERS *seine Morgenmilch trinkend:* Schluß mit diesem Krieg, er beginnt, eine Ungeheuerlichkeit zu werden! Man hat ihn geführt, und man hat ihn verloren. Auf was wartet man?

FAVRE Aber die Forderungen der Preußen! Herr von Bismarck spricht von 5 Milliarden Kriegsentschädigung, von der Annexion Lothringens und des Elsaß, von der Zurückbehaltung aller Kriegsgefangenen und der fortdauernden Besetzung der Forts, bis alles zu seiner Zufriedenheit abgewickelt ist! Das ist der Ruin!

THIERS Aber die Forderungen dieser Pariser, ist das nicht der Ruin?

FAVRE Gewiß.

THIERS Nehmen Sie Kaffee? *Favre schüttelt den Kopf.* Dann Milch wie ich? Nicht einmal das erlaubt? Ah, Favre, wenn wir noch Mägen hätten! Und der Appetit bleibt! Aber zurück zu Herrn von Bismarck. Ein wahnsinnig gewordener Bierstudent! Er schraubt seine Forderungen hoch, weil er weiß, daß wir sie annehmen müssen, alle.

FAVRE Müssen wir wirklich? Aber die Eisen- und Zinngruben Lothringens, das ist die Zukunft der Industrie Frankreichs!

THIERS Aber die Polizeiagenten, die man uns in die Seine wirft? Was nützen Frankreich die Zinn- und Eisengruben, wenn wir dort die Kommune haben?

FAVRE 5 Milliarden! Das ist unser Handel!
THIERS Das ist der Preis der Ordnung.
FAVRE Und der Vorsprung Preußens in Europa für drei Generationen.
THIERS Und die Sicherstellung unserer Herrschaft für fünf.
FAVRE Wir werden eine Bauernnation, jetzt in diesem Jahrhundert!
THIERS Ich rechne mit den Bauern. Der Friede stützt sich auf sie. Was ist ihnen Lothringen? Sie wissen nicht, wo das ist! Sie sollten wenigstens ein Wasser nehmen, Favre.
FAVRE Ist es wirklich nötig? Das ist, was ich mich frage.
THIERS Selbst ein Schluck Wasser ist noch Leben. Das Schlucken allein. Ach so, ja, auch das andere ist nötig, absolut. Der Preis der Ordnung.
FAVRE Diese Nationalgarden, das ist Frankreichs Unglück. Wir haben das patriotische Opfer gebracht, den Mob gegen die Preußen zu bewaffnen, nun hat er die Waffen – gegen uns. Das ist alles wahr, aber ist es nicht auch so, kann man nicht sagen, daß diese Leute Paris verteidigen, daß man schließlich kämpft?
THIERS Mein lieber Favre, was ist das, Paris? Man spricht in diesen Kreisen von Paris als von einem Heiligtum, das besser in Flammen aufgehen als aufgegeben werden sollte – man vergißt, daß es aus Werten besteht, man vergißt es, weil man selber nichts hat. Die Crapule ist bereit, alles in die Luft zu sprengen – nun, es gehört ihr nicht. Sie schreit nach dem Petroleum, aber für die Behörde, für uns ist Paris kein Symbol, sondern ein Besitztum – es anzünden heißt nicht, es verteidigen.
Marschtritte werden hörbar.
Die Herren erstarren. Thiers zu erregt, um zu sprechen,

deutet dem Kammerdiener mit fuchtelnden Gesten an, ans Fenster zu treten.

KAMMERDIENER Eine unserer Marinekompagnien, Monsieur.

THIERS Wenn man glaubt, daß ich diese Erniedrigung vergessen könnte...

FAVRE Bordeaux ist doch ruhig, wie?

THIERS Was heißt ruhig? Vielleicht ist ruhig zu ruhig! Dieses Beispiel! Favre, man muß sie ausrotten. Man muß diese ungewaschenen Mäuler auf das Pflaster schlagen, im Namen der Kultur. Unsere Zivilisation begründet sich auf dem Eigentum, es muß geschützt werden um jeden Preis. Was, sie erdreisten sich, uns Vorschriften zu machen, was wir hergeben und was wir behalten sollen? Säbel her, Kavallerie! Wenn nur ein Meer von Blut Paris von seinem Ungeziefer reinwaschen kann, so muß es eben ein Meer von Blut sein. Meine Serviette!

Der Kammerdiener reicht ihm die Serviette, Thiers wischt sich den Schaum vom Mund.

FAVRE Sie erregen sich, denken Sie an Ihre Gesundheit, die uns allen teuer ist!

THIERS *erstickt:* Und ihr habt sie bewaffnet! Von diesem Augenblick an, vom Morgen des 3. September an, habe ich nur noch einen Gedanken genährt: wie den Krieg beenden, schnell, sofort.

FAVRE Aber sie kämpfen leider wie die Teufel. Der brave Trochu hat recht: die Nationalgarde wird nicht eher Vernunft annehmen, als bis 10 000 von ihnen verblutet sind, ach ja. Er schickt sie in die Schlacht wie Ochsen, ihren Ehrgeiz zu dämpfen.

Er flüstert Thiers etwas ins Ohr.

THIERS Nein, er kann ruhig zuhören, Hyppolite ist Patriot.

FAVRE Ich kann Ihnen versichern, Monsieur Thiers, daß Sie in diesem einen Punkte Herrn von Bismarcks volle Sympathie haben.

THIERS *trocken:* Erfreut, das zu hören, nachdem er, wie mir zu Ohren gekommen ist, mir selbst die Fähigkeit zu einem Pferdehändler abgesprochen hat, und das, nachdem er mich persönlich gesehen hat!

FAVRE Das sind Flegeleien, sie haben nichts zu tun mit seiner wahren Meinung über Sie.

THIERS Ich darf von mir sagen, daß ich über Persönliches erhaben bin, mein lieber Favre. Mich interessiert, wie uns Herr von Bismarck zu helfen gedenkt.

FAVRE Er schlug mir persönlich vor, der Bevölkerung unmittelbar nach dem Waffenstillstand einige Zufuhr an Lebensmitteln zu gewähren, sie jedoch später wieder auf halbe Rationen zu setzen, bis die Waffen ausgeliefert sind, das wird in seiner Meinung mehr wirken als fortgesetzter Hunger.

THIERS Nicht schlecht. Man erinnert die Herren Pariser wieder daran, wie Fleisch schmeckt. Das Talent habe ich Herrn von Bismarck niemals abgestritten.

FAVRE Er wird sogar die Berliner Firmen im Zaume halten, die an der Lebensmittelbelieferung von Paris interessiert sind.

THIERS Ein Teil jedes Talents besteht in der Courage, he, Favre? Wir werden die Preußen übrigens verpflichten, jene Vorstädte zu besetzen, in denen die Nationalgarde ihre Geschütze stehen hat.

FAVRE Das ist ein ausgezeichneter Punkt, vortrefflich.

THIERS Es gibt, nehme ich an, außer Herrn von Bismarck noch einige Leute mehr, die Talent haben. Wir werden zum Beispiel auch in den Kapitulationsvertrag aufnehmen, daß die erste Rate der Kriegsentschädigung, das sind 500 Millionen, erst fällig wird nach der Pazifizierung von Paris. Das wird Herrn von Bismarck ein Interesse an unserm Sieg geben. Das Wort Pazifizierung möchte ich übrigens etwas häufiger gebraucht haben, es ist eines der Worte, die alles erklären. Ach ja, die Kriegsentschädigung! Hyppolite, du kannst uns allein lassen.

KAMMERDIENER Das Bad hat die richtige Temperatur, Monsieur. *Ab.*

THIERS Wie ist das gedacht mit diesen Summen?

FAVRE Es ist der Vorschlag gemacht worden, daß einige deutsche Firmen, besonders Herr von Bleichröder, Herrn von Bismarcks eigener Bankier, die Kriegsentschädigung finanzieren. Es ist eine Provision erwähnt worden... Ich habe natürlich abgeschlagen, als Mitglied der Regierung Prozente anzunehmen.

THIERS Selbstverständlich. Sind Ziffern genannt worden?
Favre schreibt auf einen Zettel eine Ziffer. Thiers nimmt den Zettel und liest ihn.

THIERS Unmöglich.

FAVRE Wie ich Ihnen sagte.

THIERS Wir müssen den Frieden haben. Frankreich braucht ihn. Ich hoffe, ich werde die Macht haben, ihn durchzuführen.

FAVRE Ihre Wahl ist absolut gesichert, Monsieur Thiers. 23 Departements sind für Sie, sämtliche ländlichen.

THIERS Ich werde die Macht brauchen. Die Kräfte der Unordnung sind bewaffnet.

FAVRE Monsieur Thiers, Frankreich zittert für Ihre Gesundheit. Sie allein können es noch retten.

THIERS *schlicht:* Ich weiß das. Das ist der Grund, warum Sie mich Milch trinken sehen, die ich verabscheue, lieber Favre.

3

a

Nacht vom 17. März zum 18. März. In der Rue Pigalle. Auf der Straße steht eine Kanone.
Ein Uhr nachts. François Faure und Jean Cabet wachen bei der Kanone, auf Strohstühlen sitzend. Babette Cherron steht eben von Jeans Schoß auf.
BABETTE *das Kanonenrohr tätschelnd:* Gute Nacht, Liebe.
Geht langsam ab in ein Haus am unteren Ende der Straße.
JEAN Man muß seinem Mädchen etwas schenken, das macht sie sinnlich, weil sie Materialistinnen sind. Früher war es ein hübscher Toilettentisch, jetzt ist es eine Kanone, die Monsieur Thiers Herrn von Bismarck schenken wollte.
FRANÇOIS Er hätte sie tatsächlich jetzt, wenn wir sie nicht geholt hätten. – Geneviève ist keine Materialistin.
JEAN Die kleine Lehrerin? Nein, sie ist nichts als Geist, und das ist es, warum du sie ins Bett nehmen möchtest.
FRANÇOIS Ich möchte sie nicht ins Bett nehmen.
JEAN Babette sagt, sie ist hübsch gewachsen.
FRANÇOIS Wie kannst du mit ihr über sie reden?
JEAN Sie wohnen doch zusammen. Übrigens ist sie verlobt. Er ist kriegsgefangen, ein Lieutenant. Ihre Brüste sind das beste.

FRANÇOIS Du willst mich ärgern.

JEAN Wenn man dich über Mädchen reden hört, könnte man nicht darauf kommen, daß du vom Land bist. Selbstverständlich hast du schon mit vierzehn etwas mit einer Kuhmagd gehabt.

FRANÇOIS Du wirst mich nicht ärgern.

JEAN Nein? Jedenfalls habe ich Babette gesagt, sie soll Geneviève sagen, du bist interessiert. Es wird sie vielleicht amüsieren, einen kleinen Geistlichen um den Finger zu wickeln.

FRANÇOIS Ich bin Physiker.

JEAN Gut, einen Physiker. Physik, ist das nicht die Lehre von den Körpern?

FRANÇOIS Du hast doch selbst gesagt, daß sie einen Lieutenant liebt.

JEAN Daß sie mit ihm verlobt ist.

FRANÇOIS Das ist dasselbe.

JEAN *lacht:* Du hast eine falsche Vorstellung. Als ob man jemand nur ins Bett haben möchte, weil man liebt! Die Wahrheit ist, daß man auch schon morgens beim Aufstehen weiß: heute muß man eine haben. Warum sollte das bei den Frauen anders sein? Ein Bedürfnis. Nicht notwendigerweise entstanden durch den Anblick eines besonderen Busens, sondern sowieso, worauf erst man einen Busen besonders findet. Dasselbe geht für die Frauen. Kurz, wenn du so einen Tag beim Schopf packst, bist du's. Auch bei Geneviève.

FRANÇOIS Eben nicht. Und jetzt gehe ich in die Klappe. *Steht auf.* Ich bin froh, daß ich mein Zimmerchen bei euch wieder habe.

JEAN *ebenfalls aufstehend:* Ich glaube auch, wir brauchen

nicht mehr zu wachen. Einen Überfall müßten sie mitten in der Nacht ansetzen. Morgen gibt es Weißbrot, höre ich.

FRANÇOIS Sag, Jean, weil wir von Physik sprachen! Mein Mikroskop und der Lavoisier sind doch sicher bei deinem Onkel?

JEAN *verlegen:* Bei meinem Onkel? Bei Langevin?

FRANÇOIS Deine Mutter hat sie ihm zur Aufbewahrung gegeben. Es ist nur, weil ich den Lavoisier ein wenig brauche.

JEAN Natürlich.

Sie tragen die Stühle ins Haus.

b

Fünf Uhr früh. Vor einem noch geschlossenen Bäckerladen stehen Frauen an, darunter Geneviève Guéricault und Babette.

DIE FRAUEN Weißbrot von Papa Thiers! Das soll seinen Schandfrieden schmackhaft machen. – Paris für zehn Tonnen Mehl! – Und nicht ein Zug eingelaufen, das Mehl lag hier! – Aber meinem Alten haben sie noch vorige Woche das Bein abgenommen. Schrapnell. Zu derselben Zeit haben sie schon verhandelt. – Irgend was müssen sie ja wieder im Schilde führen; umsonst geben die nichts. Die Gnädige, wo ich gewaschen habe, wenn die mir eine zerrissene Unterhose schenkte, da wußte ich doch, sie hat meinen Emile wegen ein paar Bemerkungen angezeigt! – »Ich nehm mein Bein mit heim«, hat ihnen mein Alter gesagt, »sonst sagen sie mir beim Pensionsfonds, ich hatte nur eins!« – Thiers bekommt 5 Millionen von den Deutschen. Und wieviel von gewissen Franzosen? – Man kapituliert, obwohl man über 300 000 Nationalgardisten allein in Paris hat! – W e i l man 300 000 in Paris hat! – Und man ist ganz zufrieden, daß die Preußen ihre Gefangenen nicht zurückgeben wollen, bevor bezahlt ist. – Dreck, ihr Krieg. Das ist nur gut, daß er aufhört! – Aber wer bezahlt den Frieden? – Wir, Bürgerin! Wer sonst? Die nichts haben, bezahlen! – Ach, wir haben nichts? Wir haben 200 000 Bajonette, Madame. – Ich sag euch, es ist nur ein Waffenstillstand, die Vorstädte kriegen sie nicht, die Preußen nicht und Thiers auch nicht. – Nach Paris hat er sich überhaupt nicht hereingetraut, der Herr von Bismarck, wie? Das war nicht zu kaufen, Paris. – Na, du bist aber früh auf den Beinen, die Alte wollte wohl allein sein? Da soll wohl mal ein andrer kleben?

Ein Mann ist mit einem Plakat gekommen. Er klebt es an, geht. Babette geht aus der Reihe und liest es vor.

BABETTE Von Monsieur Thiers! »Der Frieden, das ist die Ordnung. Einwohner von Paris, euer Handel stockt, die Bestellungen gehen zurück, das Kapital wird verscheucht. Die Schuldigen sollen der Gerechtigkeit überliefert werden. Die Ordnung muß vollkommen, augenblicklich, unzerstörbar hergestellt werden.« – La, la, la.

Die Bäckerin hat begonnen, die Eisenstangen von der Ladentür zu entfernen.

DIE FRAUEN Haben Sie gehört, Mme. Pullard? Es steht schlecht mit den Geschäften, obgleich doch Krieg ist.– Wie wahr! Seit voriger Woche hat man keine Lokomotive mehr bei mir bestellt, und mein Kapital ist rein verscheucht durch die Umtriebe der Nationalgarde, Ihres nicht?

BÄCKERIN Kundgebungen, Kundgebungen, Kundgebungen!

Ich denke, das Weißbrot der Regierung spricht eine laute Sprache, meine Damen.

DIE FRAUEN Weißbrot mit Ordnung, die Zahlung der Mieten, hein?

BABETTE Das Plakat ist noch feucht vom Druck, man scheint Eile zu haben.

DIE FRAUEN Die Blähungen kommen vor dem Brotessen, wie? Diese Herren können nicht einen Bissen Brot herauslassen, ohne was von der Ordnung herauszufurzen. – Achten Sie auf Ihre Sprache, Bürgerin, die Ordnung! Was wird Mademoiselle Guéricault dazu sagen, die Lehrerin ist und Blähungen überhaupt nicht kennt. – Laß Mademoiselle Guéricault in Ruhe, sie ist in Ordnung und billigt, was ich gesagt habe, und war überhaupt dabei, als die Cabets und »Papa« die Kanone von Clichy hereinholen, bevor die Preußen kamen. – Glauben Sie auch, daß Monsieur Thiers Clichy nur an die Preußen abtrat, weil unsere Kanonen dort standen?

GENEVIÈVE Ja, das glaube ich, Bürgerin. Das Zentralkomitee der Nationalgarde erhielt entsprechende Meldungen.

DIE FRAUEN Sie ist eine Politische. – Und wenn sie das ist, sagt sie deshalb nicht die Wahrheit? – Mein Alter sagt, sein Bein hat nicht die Kartätsche weggerissen, sondern die Politik; das ist, warum er politisch ist und »La Patrie en Danger« liest. *Ein paar Liniensoldaten, darunter Philippe Faure, sind bei der Kanone aufgetaucht. Babette, die noch beim Plakat steht, spricht Philippe an.*

BABETTE Ah, Philippe, bist du zurück? Du kommst gerade recht, die Bäckerei ist wieder geöffnet.

PHILIPPE Sachte, Babette, ich will der Patronin nicht guten Tag sagen.

Er macht sich mit seinen Kameraden an der Kanone zu schaffen.

BABETTE Was wollt ihr denn mit der Kanone?

PHILIPPE Sie kommt nach Versailles. Befehl.

BABETTE *ruft die Frauen:* He, ihr! Sie wollen die Kanone stehlen!

DIE FRAUEN Was wollen sie? Die paar Männlein?

GENEVIÈVE *eilt hinüber:* Philippe! Schämst du dich nicht?

BABETTE Es ist der Bäckergeselle, er hat sie hergeführt, weil er sich im Viertel auskennt.

PHILIPPE Wie kommt ihr überhaupt auf die Straße so früh? Zerreißt uns nicht gleich.

GENEVIÈVE Weil wir Weißbrot bekommen sollten, damit wir euch die Kanonen ablassen wie die Lämmer die Wolle. *Die Frauen laufen hinüber.*

DIE FRAUEN He ihr? Das sind unsere. – Sie sind im Viertel mit unseren Sous bezahlt worden, mit Sammlungen.

PHILIPPE Aber es ist kein Krieg mehr.

GENEVIÈVE Ah, und da wollt ihr jetzt mit uns Krieg anfangen?

PHILIPPE Die Kanonen müssen an die Preußen abgeliefert werden.

DIE FRAUEN Dann laßt die Preußen sie holen. Finger weg! Wagt es, euch an ihnen zu vergreifen, ihr Scheißer. – Holt die Wache bei der Cabet.

Geneviève läuft zum Haus, wo die Cabets wohnen. Sie klingelt. Mme. Cabet schaut oben heraus.

GENEVIÈVE Wecken Sie Jean, man holt Ihre Kanone. *Sie läuft zurück.* Die sind nicht für die Preußen, die sind für Monsieur Thiers. Er braucht sie gegen uns, laßt sie ihn nicht haben, Bürgerinnen!

DIE FRAUEN Hände weg von der Kanone! – Das ist Mme. Cabets Kanone.
Jean und François stürzen aus dem Haus in Hemd und Hose.
BABETTE Jean, sie sind für die Kanone gekommen. Philippe hat sie hergeführt.
Von den Gassen nebenan kommt Lärm, Gewehrschüsse und später Sturmläuten.
GENEVIÈVE In der Rue du Tabernacle stehen auch Kanonen. Es ist ein Überfall aufs ganze Viertel. Jetzt wissen wir, warum wir Weißbrot kriegen!
JEAN *ruft zurück:* François! Dein Bruder kommt für Thiers!
PHILIPPE *inmitten der Frauen:* Na, na, na. Geht beiseite. Ich führe Befehle aus, meine Guten.
JEAN Ja, geht weg, daß wir an sie kommen.
FRANÇOIS *kommt gelaufen mit Bajonett:* Laß die Kanone stehen, wo sie steht, Philippe, sie gehört euch nicht.
BÄCKERIN *aus dem Laden:* Du führst deine Befehle aus, Philippe, sonst kommst du mir nicht mehr in die Bäckerei zurück.
PHILIPPE Seit wann bist du in der Nationalgarde?
FRANÇOIS Die Schule ist geschlossen. Geht beiseite.
Die Frauen treten zurück.
François legt an.
PHILIPPE Gib das Gewehr weg, Kleiner.
BABETTE Schieß ihn nieder!
GENEVIÈVE *wirft sich vor Philippe:* Vergießt kein Blut!
JEAN *schleppt sie aus der Schußlinie:* Sie mischen sich nicht ein.
PHILIPPE *legt an:* Das Gewehr nieder, Kleiner.
FRANÇOIS Mach eine Bewegung, und ich drücke los. Vater

unser, der du bist im Himmel. Geheiligt werde dein Name...
Betet weiter, immerfort zielend.

DIE FRAUEN Was, ihr wollt uns massakrieren! – Nur weil eure Schandgeneräle es euch befehlen!

GENEVIÈVE Ihr könnt die Kanonen nicht fortbringen, ihr Unglücklichen. Wir werfen uns vor die Räder.

PHILIPPE Ich zähle bis drei. Eins...

MME. CABET *ist mit »Papa« aus dem Haus getreten:* Philippe, nimm sofort das Gewehr von der Backe, du weißt, du bist ungebildet, wie kannst du dir einfallen lassen, deinem Bruder zu widersprechen, der Physik studiert? Und hier habe ich etwas Wein für euch mitgebracht. Sicher hat man euch ohne Frühstück weggeschickt.

PHILIPPE *schaut sich um nach seinen Kameraden, die nicht angelegt haben, und legt das Gewehr langsam nieder:* Mme. Cabet, Sie verhindern mich an der Ausführung eines Befehls.

DIE FRAUEN *lachen und umringen ihn:* Gut, Bäcker. – Man kann nicht verlangen, daß du deinen eigenen Bruder niederschießt, eh?

BÄCKERIN Ich entlasse dich, Philippe, ich beschäftige keine Verräter.

BABETTE *küßt Philippe:* Das ist für den Verrat.

PHILIPPE Ich bin kein Bruder und kein Bäcker, meine Damen. Ich bin im Dienst.

FRANÇOIS *unsicher zu Geneviève:* Und ich kriege nichts?

GENEVIÈVE *heiter:* Nimm dir, was du brauchst.

FRANÇOIS Das ist keine Antwort.

DIE FRAUEN *zwischen den Soldaten:* Schämt euch, auf Frauen loszugehen ohne unanständigen Gedanken!

DIE SOLDATEN Der Krieg ist aus, wir wollen heim.
DIE FRAUEN Olala, er will heim! – Woher bist du denn, Söhnchen?
SOLDAT Aus der Auvergne, und da muß jetzt bald an die Aussaat gedacht werden. Daran denkt ihr verdammten Städter nicht.
DIE FRAUEN Trink was, mein Söhnchen! – Kommt, zeigt uns die Kolben, nicht die Mündungen, die Löcher haben wir. – Mme. Cabet, eine Decke, sie schnattern vor Kälte, da ist keine Liebe möglich.
GENEVIÈVE Die Kanone gehört Mme. Cabet, die hier wohnt. Ihr könnt sie ihr ebensowenig wegnehmen wie ihren Kochtopf!
»PAPA« Es lebe Mme. Cabet, die alleinige Besitzerin der Kanone der Rue Pigalle! *Er hebt sie hoch und setzt sie auf die Kanone. Zu den Soldaten:* Man muß nur ins Gespräch kommen, seht ihr. *Zu den Frauen:* Jetzt habt ihr sie zurück, paßt auf sie auf, vor allem laßt keinen mehr hinauskommen aus Paris, behaltet sie alle, drückt sie an die Brust oder die Brüste, wie, da sind sie unschädlich.
Ein Arbeiter, Pierre Langevin, kommt aus der Gasse nebenan, wo es ruhiger geworden ist. Mit ihm sind Kinder.
LANGEVIN Holla, »Papa«! Seid ihr mit ihnen fertig geworden hier? Ohne Blutvergießen?
PHILIPPE *zu seinen Kameraden:* Was können wir dafür, wenn sie uns keine Gäule schicken? Durch die Weiber können wir die Dinger nicht allein schieben!
»PAPA« Alles in Ordnung. Wie ist es anderwärts?
LANGEVIN Das ganze Viertel ist auf den Beinen. Keine Kanone weg bisher.
DIE KINDER Unsere Kanonen in der Mühle La Galette haben

die versucht zu grapschen, und in der Rue Lepic haben sie zwei von den Unseren niedergeschossen.

MME. CABET *zu den Soldaten:* Messieurs, das ist mein Schwager, Pierre Langevin, vom Zentralkomitee der Nationalgarde.

LANGEVIN In der Rue Granot hat der General Lecomte Feuer befohlen, aber seine Leute haben fraternisiert, und man hat ihn arretiert.

»PAPA« Wo ist er? Das ist der, der Hund, von dem Paris weiß, daß er den Aderlaß für die Garde gefordert hat.

LANGEVIN Er ist ins Wachtlokal gebracht worden.

»PAPA« Man wird ihn entwischen lassen. Wenn er nicht in fünf Minuten erschossen wird, kommt er los.

LANGEVIN Er wird der Justiz übergeben, Kamerad.

»PAPA« Wir sind die Justiz.

Eilt weg.

MME. CABET Wird mir vielleicht jemand von der Kanone herunterhelfen?

LANGEVIN *zu den Liniensoldaten:* Und was werdet ihr machen? Solange ihr Gewehre habt...

EIN SOLDAT Scheiße. Gegen die eigenen...

Die Soldaten drehen die Gewehrkolben hervor.

GENEVIÈVE *zu den Kindern:* Und ihr dürft die dummen Plakate herunterreißen.

Es geschieht.

JEAN Hebt meine Maman herunter, ihr! Und dann auf ins Stadthaus wieder einmal! Verhaftet Thiers! Er soll uns sagen, was er mit den Kanonen vorhatte.

BABETTE Drei Küsse für Thiers lebendig!

30

c

Acht Uhr früh. Die Bäckerin legt wieder die Eisenstangen vor die Ladentür. Philippe steht daneben und betrachtet mißmutig ein riesiges Weib, das, ein Gewehr geschultert, vor der Kanone auf und ab geht.

BÄCKERIN Es gibt bestimmt Unruhen. Wenn sie jetzt die Kommune machen, wovon jedermann spricht, wird geplündert. Es wird alles geteilt, dann versauft man seinen Teil und teilt wieder. Du bist selber ein Aufrührer und kommst mir nicht mehr an meinen Backofen. Und dein Bruder, ein junger Priester! Und auch ein Aufrührer!

PHILIPPE Er ist nur im Seminar, weil er sonst nicht hätte studieren können.

BÄCKERIN Da stiehlt er also den guten Brüdern von St. Joseph ein Studium! Das paßt zu euch – Kommunarden!
Zornig in den Laden ab.
Aus dem Haus neben dem Laden ist Geneviève getreten.

GENEVIÈVE Guten Morgen, Philippe. Wie fühlen Sie sich in dem neuen Zeitalter? *Er brummt.* Denn das haben wir jetzt. Mit der Gewalt ist es zu Ende. Die Kanonen haben wir ihnen schon abgenommen.

PHILIPPE Ja, ihr Weiber habt sie jetzt. Neues Zeitalter, meine Güte.

Er geht niedergeschlagen in das Haus, wo die Cabets und sein Bruder wohnen. Geneviève zieht heiter ihre Handschuhe an. Die Gasse herauf kommt finsteren Gesichts »Papa«.

GENEVIÈVE Guten Morgen, Monsieur. Sind Sie nicht heut früh in die Rue Granot gegangen, wo sie den General Lecomte gefangengenommen haben? Was geschah mit ihm?

»PAPA« Er ist erschossen, Bürgerin.

GENEVIÈVE War das recht? Wer hat ihn erschossen?

»PAPA« Wer wird ihn erschossen haben? Das Volk.

GENEVIÈVE Ohne Gerichtsausspruch?

»PAPA« Natürlich nicht. Nach einem Gerichtsausspruch des Volkes.

GENEVIÈVE Und Sie waren dabei?

»PAPA« Jedermann war dabei, der dabei war. Und zerbrechen Sie sich nicht den Kopf über die Feinde des Volkes, das ist der Ernst.

Er geht verdrossen in das Haus der Cabets. Die Lehrerin schaut ihm verwirrt nach.

4

19. März 1871. Stadthaus. Treppenaufgang vor dem Sitzungssaal des Zentralkomitees der Nationalgarde. Vor der Tür sitzt ein Nationalgardist, Brot und Käse speisend und die Passierscheine kontrollierend. Wartend »Papa«, Coco und Mme. Cabet. Delegierte kommen zur Sitzung.

DELEGIERTE Man muß sich mit den Bürgermeistern der 20 Arrondissements verständigen, wenn man Neuwahlen ausschreiben will. – Im Gegenteil! Man muß ein Bataillon abordnen und sie verhaften, das sind Hyänen, sonst hätte man sie nicht zu Bürgermeistern gemacht. – Die Hauptsache ist, eine überwältigende Stimmenzahl zu sammeln, ganz Paris kommt an die Urnen, wenn die Bürgermeister sich uns anschließen, man muß sie empfangen. – Um Gottes willen, keine Gewalt, man gewinnt Paris nicht, indem man es erschreckt. – Wer ist das, Paris?

Die Delegierten ab bis auf einen.

»PAPA« *spricht ihn an:* Bürger vom Zentralkomitee, könnten Sie dem Bürger Pierre Langevin drinnen sagen, wir müssen ihn sprechen? Dies hier ist seine Schwägerin. Warum läßt man die Leute nicht ein?

KOMITEEMITGLIED Der Saal ist zu klein. Und vergessen Sie nicht, Bürger, daß der Feind lauscht.

»PAPA« Es ist wichtiger, daß das Volk lauschen kann. Lassen Sie wenigstens die Tür auf.

Das Komiteemitglied geht hinein und läßt die Tür auf.

STIMME Sofortantrag des 67. Bataillons! In Erwägung, daß das Volk von Paris für die Verteidigung des Vaterlandes weder mit Blut noch mit Entsagungen gegeizt hat, gelangt in den 20 Arrondissements die Summe von einer Million Frs. zur Verteilung, die durch die Streichung sämtlicher Gehälter der verräterischen Regierung eingespart wird.

RUFE Angenommen!

MME. CABET Sie gehen tüchtig ins Zeug, wie?

»PAPA« Das wichtigste ist, daß man nach Versailles marschiert.

MME. CABET Es wird nicht nur Weißbrot geben, ich werde es auch kaufen können.

»PAPA« Aber wenn man nicht sofort auf Versailles marschiert, wird es nicht lang Weißbrot geben, Mme. Cabet.

STIMME Wir fahren fort mit der Diskussion der Frage der Wahlen. Delegierter Varlin.

STIMME VARLINS Bürger Gardisten! Heute morgen gegen zwei Uhr hat die Regierung mit Hilfe einiger Linienbataillone versucht, die Nationalgarde der Hauptstadt zu entwaff-

nen und die Kanonen an sich zu bringen, deren Auslieferung an die Preußen wir verhindert haben.
RUF Zweiter Versuch, Paris zu entmannen. Der erste war, uns einen General aufzuzwingen!
Vier Herren mit Zylinderhüten kommen die Treppe hoch: die Bürgermeister.
STIMME VARLINS Bürger, wozu wurde der Anschlag unternommen? Um Frankreich, der letzten Waffen beraubt, den äußersten Forderungen Bismarcks auszuliefern und es zugleich zum hilflosen alleinigen Zahler dieser Forderungen zu machen. Damit jene, die den verbrecherischen Krieg gemacht haben, nun ihn von jenen bezahlen lassen können, die in ihm geblutet haben! Damit man die guten Geschäfte mit dem Krieg nun in gute Geschäfte mit dem Frieden verwandeln kann. Bürger Gardisten, die Kommune wird verlangen, daß die Deputierten, Senatoren, Generäle, Fabrikanten und Gutsbesitzer, nicht zu vergessen die Kirche, die den Krieg verschuldet haben, nun die 5 Milliarden an die Preußen bezahlen und daß man zu diesem Zwecke ihre Besitzungen verkaufe!
Großer Beifall.
Die Bürgermeister haben den Saal betreten.
STIMME Das Zentralkomitee begrüßt die Bürgermeister von Paris.
STIMME EINES BÜRGERMEISTERS Dies ist das Stadthaus von Paris. Sie haben es militärisch besetzt. Wollen Sie uns sagen, mit welchem Recht?
RUF Im Namen der Bevölkerung, Monsieur le Maire. Betrachten Sie sich als ihre Gäste, und Sie sind willkommen.
Proteste.
STIMME DES BÜRGERMEISTERS Ihr wißt, was diese Antwort be-

deutet. Daß man sagen wird: diese Leute wollen die Revolution.
RUF Was heißt »wollen«? Sie ist da. Blick um dich!
STIMME DES BÜRGERMEISTERS Bürger der Nationalgarde! Wir, die Bürgermeister von Paris, sind bereit, der neugewählten Nationalversammlung in Versailles vorzutragen, daß ihr einen neuen Munizipalrat unter ihrer Obhut gewählt haben wollt.
RUFE Nein, nein, nein. – Eine selbständige Kommune!
STIMME VARLINS Nicht nur die Wahl eines Munizipalrats, sondern wirkliche Munizipalfreiheiten, für die Nationalgarde das Recht, ihre Führer zu wählen, den Ausschluß der stehenden Armee aus dem Gebiet von Paris, kurz: ein freies Paris.
STIMME DES BÜRGERMEISTERS Das ist die rote Fahne! Nehmen Sie sich in acht! Wenn Sie diese Fahne über dem Stadthaus entfalten, werden Ihre Wahllokale gemieden werden wie Pestbuden, und Paris wird spucken in Ihre Wahlurnen.
RUF Das Komitee wird dieses Risiko eingehen. Es wird darauf vertrauen, daß die Bevölkerung nicht nur Hände zu arbeiten, sondern auch Augen zu sehen hat.
Beifall.
STIMME DES BÜRGERMEISTERS Sie wird allerhand zu sehen bekommen. Ich jedenfalls wünsche nicht, auf einer Wahlliste zusammen mit Mördern zu stehen. *Unruhe.* Das Komitee hat nicht gegen die Ermordung der Generäle Thomas und Lecomte protestiert.
RUFE Wir haben nichts damit zu tun. – Ich protestiere gegen den Ausdruck Ermordung für die gerechte Hinrichtung von Mördern durch die Bevölkerung. – Hütet euch, das Volk zu mißbilligen, sonst wird es euch mißbilligen! –

Keine Drohungen! Das Volk und das Bürgertum haben sich am 4. September in der Republik die Hände gereicht! – Richtig, und dieses Bündnis muß fortbestehen. Alles muß an den Wahlen teilnehmen, alles! Behalten wir reine Hände! Bevor wir die Zustimmung von Paris haben, wird man die Regierung in Versailles als die Staatsmacht ansehen. – Und wenn so? Die Nationalgarde ist die bewaffnete Nation gegenüber der Staatsmacht!
Die Bürgermeister erscheinen in der Tür.
EIN BÜRGERMEISTER *zornig in den Saal zurück:* Wir sehen mit Genugtuung, daß da unter Ihnen selbst Uneinigkeit besteht.
RUFE *im Saal, bei Unruhe:* Wir brauchen die Unternehmer zur Wiederaufnahme der Produktion! – Gut, sagt euch vom Volk los, um das Bürgertum bei Laune zu erhalten! Das Volk wird sich von uns zurückziehen, und wir werden erleben, daß man mit dem Bürgertum keine Revolution machen kann!
»PAPA« So ist es.
BÜRGERMEISTER Wir lassen euch unsere aufrichtigsten Wünsche zurück. Möge euch eure Aufgabe glücken, uns ist sie ein wenig zu groß.
Ab.
RUF Das Bürgertum verläßt den Saal, gut.
»PAPA« *ruft den Bürgermeistern nach:* Schufte!
Aus dem Saal kommen Langevin und Geneviève und schließen die Tür hinter sich.
»PAPA« Pierre. Sie müssen sofort einen Antrag einbringen: man muß Leute, die sich vor die verräterischen Generäle stellen, eliminieren. Erschießt sie wie Hunde, sogleich, alle, ohne Urteil, sonst seid ihr verloren.

LANGEVIN Was hast du mit den Erschießungen zu tun? Beruhige dich.
»PAPA« Ich? Nichts. Was meinen Sie damit? Das Komitee zaudert!
LANGEVIN Wollt ihr nicht lieber hören?
Er öffnet die Tür wieder.
STIMME RIGAULTS Bürger Gardisten, das Recht, über das Schicksal des Landes zu entscheiden, können nur die haben, die es verteidigen, das ist das Proletariat, das sind die 300 000 Kämpfer von Paris. Ihr Stimmzettel ist die Gewehrkugel. *Unruhe.*
RUFE Wollen Sie sogar die Wahlen abwürgen? Das ist die Anarchie! – Vergeßt nicht, das ist der Bürgerkrieg! Und mit den preußischen Batterien vom Bois de Vincennes bis zum Bois de Boulogne! – Einigkeit! Die Wahlen sind beschlossen!
GENEVIÈVE Wir sind uneinig. Das ist schlecht.
LANGEVIN *lächelnd:* Nein, das ist gut, das ist Bewegung. Vorausgesetzt, es ist die richtige Richtung. Aber warum seid ihr gekommen?
»PAPA« Beim 101. wird darüber geredet, daß die Tore nicht gesperrt worden sind. Sie haben ihre Polizei, ihre Bagage, ihre Artillerie nach Versailles dirigiert, die ganze Nacht durch. Und dort sitzt Thiers. Wir sollen euch sagen, daß wir auf Versailles marschieren werden, sobald ihr das Zeichen gebt, Langevin.
GENEVIÈVE *schnell:* Aber das wäre ebenfalls der Bürgerkrieg.
COCO 20 000 Mann kampieren allein v o r dem Stadthaus, das Brot auf die Bajonette gespießt, man hat 50 Kanonen um das Haus aufgefahren. Ihr braucht nur durch das Fen-

ster hinauszurufen »Nach Versailles!«, und alles ist erledigt für immer.

LANGEVIN *langsam:* Vielleicht. Aber wir brauchen das Einverständnis Frankreichs, nicht?

»PAPA« Gut, wählt. Oder wählt nicht, auch gut. Aber vernichtet den Feind, solange ihr könnt, jetzt.

LANGEVIN *zögernd:* Die Kommune ist schwer genug auf die Beine zu kriegen. Haben wir sie, sind die Thiers und Konsorten ein Häuflein Bankrotteure in den Augen ganz Frankreichs. Aber ich verstehe dich, »Papa«, es ist gut, daß ihr uns auf dem Nacken sitzt. Gebt uns nur keine Ruhe, ihr seid immer weiter als wir.

Er geht schnell in den Saal zurück.

»PAPA« Coco, seien wir zufrieden. Schließlich müssen die es wissen.

Sie wenden sich zum Gehen: da hören sie noch die Schlußrede.

STIMME VARLINS Bürger Gardisten! Die Proletarier von Paris, inmitten der Niederlagen und des Verrats der herrschenden Klassen, dezimiert auf den Schlachtfeldern der Bourgeoisie, der preußischen und seiner eigenen, geschwächt durch den Hunger, den die preußischen Generäle und die Pariser Schieber über sie verhängt haben, erhoben sich in diesen Morgenstunden, die Reste ihrer zerschmetterten Quartiere zu verteidigen und ihr Geschick in die eigenen Hände zu nehmen. Es ist das Geschick Frankreichs. Die sogenannte Regierung der nationalen Verteidigung, gebildet von der Bourgeoisie nach der militärischen Niederlage, ist als Regierung des nationalen Verrats entlarvt. Dieselben Leute, die den Kaiser geholt hatten für ihre Abenteuer, haben ihn fallen lassen, als er die Beute nicht lieferte;

jetzt holen sie Herrn von Bismarck, damit er ihnen ihr Eigentum beschützt gegen jene, die es schufen, das Proletariat. Aber die Hauptstadt Frankreichs, den Aufstand gegen diese Bande von Abenteurern für rechtmäßig erklärend, schreitet, ruhig und fest im Besitz ihrer Waffen, zur Wahl ihrer eigenen, freien und souveränen Kommune und fordert freie Kommunen Frankreichs auf, sich um sie zu scharen.

Starker Beifall und Rufe: »Es lebe die Kommune!«

GENEVIÈVE Das ist einer der größten Tage in der Geschichte Frankreichs.

»PAPA« Ein Teil seiner Größe wird darin bestehen, daß niemand wird sagen können, die Vertreter des Volkes haben den Bürgerkrieg gewollt.

GENEVIÈVE Es wird eine neue Zeit sein, und es wird kein Blutbad gewesen sein.

RESOLUTION

1

In Erwägung unsrer Schwäche machtet
Ihr Gesetze, die uns knechten solln.
Die Gesetze seien künftig nicht beachtet
In Erwägung, daß wir nicht mehr Knecht sein wolln.
    In Erwägung, daß ihr uns dann eben
    Mit Gewehren und Kanonen droht
    Haben wir beschlossen: nunmehr schlechtes Leben
    Mehr zu fürchten als den Tod.

2

In Erwägung, daß wir hungrig bleiben
Wenn wir dulden, daß ihr uns bestehlt
Wollen wir mal feststelln, daß nur Fensterscheiben
Uns vom guten Brote trennen, das uns fehlt.
   In Erwägung, daß ihr uns dann eben
   Mit Gewehren und Kanonen droht
   Haben wir beschlossen: nunmehr schlechtes Leben
   Mehr zu fürchten als den Tod.

3

In Erwägung, daß da Häuser stehen
Während ihr uns ohne Bleibe laßt
Haben wir beschlossen: jetzt dort einzuziehen
Weil es uns in unsern Löchern nicht mehr paßt.
   In Erwägung, daß ihr uns dann eben
   Mit Gewehren und Kanonen droht
   Haben wir beschlossen: nunmehr schlechtes Leben
   Mehr zu fürchten als den Tod.

4

In Erwägung, es gibt zu viel Kohlen
Während es uns ohne Kohlen friert
Haben wir beschlossen, sie uns jetzt zu holen

In Erwägung, daß es uns dann warm sein wird.
   In Erwägung, daß ihr uns dann eben
   Mit Gewehren und Kanonen droht
   Haben wir beschlossen: nunmehr schlechtes Leben
   Mehr zu fürchten als den Tod.

5

In Erwägung, es will euch nicht glücken
Uns zu schaffen einen guten Lohn
Übernehmen wir jetzt selber die Fabriken
In Erwägung: ohne euch reicht's für uns schon.
   In Erwägung, daß ihr uns dann eben
   Mit Gewehren und Kanonen droht
   Haben wir beschlossen: nunmehr schlechtes Leben
   Mehr zu fürchten als den Tod.

6

In Erwägung, daß wir der Regierung
Was sie immer auch verspricht, nicht traun
Haben wir beschlossen, unter eigner Führung
Uns nunmehr ein gutes Leben aufzubaun.
   In Erwägung: Ihr hört auf Kanonen –
   Andre Sprache könnt ihr nicht verstehn –
   Müssen wir dann eben, ja, das wird sich
                                lohnen!
   Die Kanonen auf euch drehn.

5

19. März 1871. Gare du Nord. Überall Plakate, die zur Wahl der Kommune aufrufen. Gedränge von Bürgerfamilien, Nonnen, Beamten, die nach Versailles flüchten.

ZEITUNGSAUSRUFER Erklärung der Presse: Wahlen zur Kommune unkonstitutionell! Folgende Zeitungen fordern euch auf, Pariser, nicht zu wählen: Le Journal des Débats, le Constitutionel, le Moniteur, l'Universal, le Figaro, le Gaulois, – *und während des folgenden noch* – la Vérité, Paris-Journal, la Presse, la France, la Liberté, le Pays, le National, l'Univers, le Temps, la Cloche, la Patrie, le Bien Public, l'Union, l'Avenir, le Libéral, le Journal des Villes et des Campagnes, le Charivari, le Monde, la France Nouvelle, la Gazette de France, le Petit Moniteur, le Petit National, l'Electeur Libre, la Petite Presse.

Der Herr Steuereinnehmer inmitten seiner Familie kauft ein Blatt.

STEUEREINNEHMER Was heißt das, »das Komitee ist nichts«, es repräsentiert 215 Bataillone, diese Leute können alles machen. Alphonse, halt dich gerade! Wo bleibt Bourdet mit der Mappe? Habe ich einen Prokuristen oder nicht in der Stunde der Gefahr?

SEINE FRAU Alphonse, du sollst keinen Buckel machen. Wenn Bourdet nicht kommt, mußt du zurückbleiben, Christophe, ohne Geld können wir in dem teuren Versailles nichts machen. Es wird überfüllt sein.

STEUEREINNEHMER »Mußt du zurückbleiben«, das ist kennzeichnend. Man mag mich an die Wand stellen, wenn nur das Geld ...

SEINE FRAU Werde nicht sentimental. Du wartest auf Bourdet. Alphonse, zuck nicht mit den Schultern.
Ab ohne den Mann, der wartet.
Philippe und Jean kommen, als Liniensoldaten, von einem Beamten geführt, eine eiserne Kiste nach hinten schleppend.
BEAMTER Nicht in den Gepäckwagen, meine Herren, das sind die Register und Kassen der Bürgermeistereien.
PHILIPPE Deine Mutter ist schuld, daß ich zur Truppe zurück muß. Wie konnte sie François' Mikroskop ins Leihhaus bringen, während er kämpfte? Jetzt wird mein ganzer Sold dafür draufgehen, und ich habe ihn noch nicht. Womöglich stellt man mich vors Kriegsgericht, des Vorfalls mit der Kanone wegen, an dem auch ihr schuld seid.
JEAN *abwesend:* Wir mußten die Miete bezahlen, Philippe. Wenn du 20 Frs. bringst, holen wir die Sachen wieder heraus. Die Hauptsache ist, daß François nichts erfährt.
PHILIPPE Dieses Studium verschlingt alles. Und wenn er jetzt in eure Kommunegeschichte verwickelt wird, jagen die guten Brüder ihn von der Schule! Ein Priester und bei der Kommune! Und wie falsch eure Ideen sind, sieht man hier. François will sein Mikroskop, nicht? Und warum? Weil es sein Eigentum ist. Also will der Mensch sein Eigentum, basta.
JEAN Philippe, du hast einen Kopf wie eine Backstube: alles durcheinander.
PHILIPPE In einer Backstube ist nicht alles durcheinander.
JEAN Paß auf: Das Mikroskop ist sein Handwerkszeug, darum will er es. Und die Drehbänke in der Lokomotivwerkstätte sind unser Handwerkszeug, darum wollen wir sie. Capisti?
PHILIPPE Wo willst du denn hin?

JEAN *hängt ihm den Sack auf, den er ihm trug:* Siehst du nicht, daß sie die Kassen wegschaffen? Holla, ihr! *Zu den schleppenden Soldaten:* Hier wird nichts weggeschafft. Das ist Volkseigentum. *Die Soldaten gehen weiter, nachdem ihm einer einen Tritt gegeben hat.* Abschaum. Und niemand hier, der sie aufhält.
Jean stürzt weg. Philippe kopfschüttelnd ab. Eine Aristokratin mit Nichte und Dienstboten, die Hutschachteln und derlei tragen, treten auf.
NICHTE Wer hätte gedacht, Tante Marie, daß die ersten Züge, die Paris wieder verlassen können, ein solch tragisches Schauspiel sehen würden! Ganz Paris auf der Flucht!
ARISTOKRATIN Nicht für lange. Geben Sie acht, Philine, daß die Schachteln nicht zerdrückt werden, das ist ein Hut von Farnaud.
NICHTE Wir hätten doch die Chaise nehmen sollen.
ARISTOKRATIN Daß man uns die Pferde ausspannt, um sie aufzufressen? Rede keinen Unsinn. Ah, de Plœuc, wie liebenswürdig von Ihnen! In diesen Tagen lernt man seine Freunde kennen.
DE PLŒUC Ich konnte Sie einfach nicht fahren lassen, ohne Ihnen die Hand zu drücken, Madame la Duchesse.
NICHTE Müssen Sie wirklich zurückbleiben, ist das nicht gefährlich?
DE PLŒUC Vielleicht. Die Bank von Frankreich ist ein Risiko wert, Mademoiselle. *Zur Duchesse:* Darf ich Sie bitten, das Billett in diesem Strauß i h m zu übergeben? *Reicht ihr einen Blumenstrauß.*
ARISTOKRATIN Man wird es Ihnen nicht vergessen. Die ganze Komödie wird acht Tage dauern. Auf bald, Henri!
Ab mit Nichte.

DE PLŒUC Auf bald, Mesdames!
Der Zeitungsverkäufer verkauft nun einzelne Zeitungen. Gegenüber verkauft ein Straßenhändler seine Waren.
ZEITUNGSAUSRUFER »Äußerungen hochstehender Persönlichkeiten« im Figaro. – »Das Verbrechen an den Generälen Lecomte und Thomas.« – »Besetzung des Stadthauses ungesetzlich.« – »Steckt das Zentralkomitee mit den Deutschen unter einer Decke?« – »Plünderungen in der Rue Gras.« – »Die Herrschaft des Mob.«
STRASSENHÄNDLER *dazwischen:* Hosenträger! – Lyoner Taschenkämme! – Knöpfe! – Seife und Toilettenartikel, billig! – Harmonikas! – Gürtel aus Tripolitanien!
Soldaten bringen Jean, dessen Anzug zerrissen ist. Ein Sergeant der Nationalgarde mit einigen Gardisten hält sie auf.
SERGEANT Einen Augenblick! Was macht ihr mit ihm?
DIE SOLDATEN Er wurde gefaßt, als er versuchte, auf die Lokomotive zu klettern. Ein Saboteur, Sergeant.
JEAN Sie schaffen die Kassen fort, ihr. Man muß sie aufhalten. Die ganze Gesellschaft muß verhaftet werden.
SERGEANT Immer ruhig Blut, Kamerad. Es liegt kein Befehl vor, die Züge aufzuhalten. Loslassen.
DE PLŒUC Meine lieben Freunde, ich bin le Marquis de Plœuc von der Bank von Frankreich. Sie sagen selber, daß die Exekutive keine Befehle erlassen hat. Es herrscht noch kein Bürgerkrieg, soviel ich gehört habe. Wenn dem aber so ist, hat der Mann sich eines Verbrechens schuldig gemacht und muß dingfest gemacht werden.
JEAN So? Und wohin soll ich gebracht werden? Sagt mir das!
Schweigen.

SERGEANT Ach, ihr wolltet ihn auf den Zug verschleppen? Sofort loslassen. *Zu seinen Leuten:* Holt Verstärkung!
Einige weg. – Jean wird losgelassen. Die Soldaten verdrücken sich. De Plœuc ab.
DIE SOLDATEN Wir tun nur unsre Pflicht, Kamerad.
SERGEANT Du hast Glück gehabt.
JEAN Und sie laßt ihr laufen! Seht ihr diese Plakate? Ich will euch etwas sagen: ich habe gewählt. Aber nicht eure Kommune. Sie wird untergehen. *Stolpert weg.*

6

26. März 1871. Vor dem kleinen Café auf dem Montmartre. Mme. Cabet und ihre kleine Familie – Jean, Babette, François, Geneviève – richten sich in dem kleinen Café ein, das geschlossen gewesen ist. Sie entfernen die Fensterläden, entrollen die Straßenjalousie, tragen Stühle heraus, hängen weiße Papierlaternen auf. Der Kellner in einer Uniform der Nationalgarde und der verwundete Kürassier in Zivil helfen ihnen. Von einem Platz nebenan schnelle Musik. Geneviève kommt aus dem Café mit Weinflaschen, gefolgt von einem der Kinder im Sonntagsanzug.

FRANÇOIS *kommt mit Strohstühlen:* Das ist die Kommune, das ist die Wissenschaft, das neue Jahrtausend, Paris hat sich dafür entschieden.
KELLNER Der Patron hat sich dagegen entschieden, so ist der Kellner Patron geworden, macht es euch bequem in seinem Café.

GENEVIÈVE Selbst die jungen geistlichen Herrn begrüßen also den Anbruch der Morgenröte.
Sie stellt Weinflaschen vor Mme. Cabet.
FRANÇOIS Und die Lehrerinnen schenken den Wein des schwarzen Marktes der Witwe aus. Denn es ist auch die Niederschrift der Bergpredigt in Gesetzesparagraphen, welche beginnen mit »In Erwägung« und endigen mit Taten! *Er umarmt den Deutschen, der grinsend einen Fensterladen geöffnet hat.* Ich umarme dich, Kürassier, neuer Bruder, du Deserteur aus den Räuberheeren des anachronistischen Bismarck!
MME. CABET *die von Anfang an auf einem Stuhl mitten auf der Straße gesessen hat:* Und man hat die Mieten erlassen! *Ruft:* Jean! Babette!
FRANÇOIS In Erwägung, daß der unbillige Krieg, der das Vaterland heimgesucht hat, nur das Werk der Minderheit war und daß es nicht gerecht ist, nicht gerecht ist, die ganze Bürde auf die Mehrheit abzuwälzen, welche eine ungeheure Mehrheit der Elenden ist... Ich habe das auswendig gelernt wie den Lavoisier.
JEAN *schaut aus dem oberen Fenster des Cafés:* Geduld!
FRANÇOIS Und die Pfandleihen geben kostenlos die Pfänder der Armen zurück in Erwägung, daß das Leben wert sein muß, gelebt zu werden.
MME. CABET François, du wußtest alles? Ich bin eine Diebin, es ist alles so teuer. Das ist, weil ich dir die Miete abverlangte, ein wenig taktlos, aber ich wollte die Sachen auslösen, du brauchst sie ja. Jean! *Zum Kind:* Setz dich, Victor, iß was, bevor du den Wein kostest. Jean! *Das Kind setzt sich steif. Jean schaut ärgerlich heraus.* Ich will Babette sprechen, seid ihr nicht fertig?

BABETTE *schaut neben Jean heraus, etwas erhitzt:* Maman?
MME. CABET Sieh, was für hübschen Wein wir haben, Babette.
Babette lacht und zieht den Kopf zurück. Man muß auf sie acht geben, er ist radikal, dieser da.
Die Gasse herunter kommen »Papa« und Langevin, der sehr müde aussieht. »Papa« trägt einen weißen Lampion auf dem Bajonett.
»PAPA« Madame, Mademoiselle. Ich bringe Ihnen Ihren Schwager, Mitglied der Kommune für Vaugirard. Ich habe ihn von der Arbeit weggeschleppt, sie schuften wie die Lohnsklaven im Stadthaus.
MME. CABET Nimm ein Glas, Pierre.
KELLNER Der Wein ist vom Patron, der Patron ist in Versailles, bedienen Sie sich, Monsieur.
LANGEVIN Sie haben 6000 Kranke zurückgelassen, für die Beleuchtung der Straßen ist niemand da, das bedeutet Arbeit.
Jean und Babette schieben eine rote Fahne aus dem Fenster.
»PAPA« Ah, ein Glas auf die Schönheit! Geliebt und gefürchtet! Die Verfolgte, die Furchtbare! Die Freundliche, die mit dem Sturm zusammen auftritt.
MME. CABET Ja, die schafft es. Nehmt von den Broten, Pierre und »Papa«, und wo sind die Kinder? Die Bäckerin von gegenüber hat sie uns auf die Gasse gebracht, als wir das Tuch vorübertrugen; ja, als wir das Tuch mit der bestimmten Farbe vorübertrugen, hat die Bäckerin, die saure, uns die Brote aufgedrängt.
GENEVIÈVE Setzt euch, ich werde euch ein altes Liedchen vorsingen.
Sie singt:

Margot ging auf den Markt heut früh
Da schlugen die Trommeln so laut.
Sie kaufte Fleisch und Sellerie
Und fand den Fleischer ergraut.
An Haar und Haut ergraut.
  »Das Fleisch macht 20 Frs.«
  Rataplom, rataplom, rataplom.
  »Hein?«
        »Gut, Madame, 5 Frs.«
                              »Ahom!«
Margot ging heut zur Hauswirtin
Da rollte der Zapfenstreich.
»Darf ich fragen, was ich schuldig bin?«
Da war die Wirtin so bleich
So bleich wie eine Leich.
  »Die Miete macht 20 Frs.«
  Rataplom, rataplom, rataplom.
  »Hein?«
        »Gut, Madame, 10 Frs.«
                              »Ahom!«
ALLE *singen mit:* Ahom, ahom, ahom.

Über den Platz kommt ein Trupp von Männern und Frauen mit Kokarden.

EINER DER MÄNNER Meine Damen, meine Herren, kommen Sie alle! Auf der Place Vendôme spricht Monsieur Courbet, der bekannte Maler, über die Notwendigkeit, die Vendôme-Säule Napoleons umzustürzen, gegossen aus dem Erz von 1200 eroberten europäischen Kanonen. Ein Monument des Krieges, der Bejahung des Militarismus und der Barbarei.

»PAPA« Vielen Dank. Wir billigen das Projekt und kommen zur Ausführung.

EINE FRAU Dann kommt mit zu der Bouillon, die im Quartier Latin ausgeschenkt wird.

Ein Mann wiehert.

DER MANN Zur Erinnerung an fünf Pferde, meine Damen und Herren.

FRANÇOIS Wollen wir gehen?

»PAPA« Ich sitze gut hier.

FRANÇOIS Bouillon.

MME. CABET Wollt ihr gehen? Wo sind Jean und Babette? Ach, da sind sie.

»PAPA« Monsieur François, man sieht, Sie haben Anlagen zum Priesterstand.

GENEVIÈVE Vielen Dank, wir bleiben noch ein wenig sitzen.

Der Trupp zieht weiter.

EINER DER MÄNNER Gut, wie ihr wollt. Die Kommune hat euch eingeladen. Ihr seid nicht gekommen.

»PAPA« Das ist die Freiheit.

Jean und Babette sind unten erschienen.

MME. CABET Ihr wart zu lange oben, ich bin unzufrieden mit euch.

JEAN Maman, du machst Geneviève erröten.

MME. CABET Ich habe euch gesagt, man muß sich nach den Verhältnissen richten.

»PAPA« Aber es sind die besten, Madame, die allerbesten. Paris hat sich für ein Leben nach dem eigenen Geschmack entschieden. Das ist es auch, warum Monsieur Fritz beschlossen hat, bei uns zu bleiben. Keine Klassenunterschiede mehr zwischen den Bürgern, keine Schranken mehr zwischen den Völkern!

JEAN Babette, antworte Maman, verteidige mich.
BABETTE Madame, Ihr Sohn, er kennt keine unziemliche Hast.
Sie singt:
Père Joseph hat kein Dach überm Kopfe
Überm Hintern sein Weib hat kein Hemd
Doch kocht sie für ihn was im Topfe
Am Rain im gestohlenen Topfe
Hat Père Joseph sich vorm Mahle gekämmt.
»Mutter, mach was extra Exquisites!
Für 'nen armen Hund ist nichts zu schad.
Mutter, laß dir Zeit, spar nicht mit Geschicklichkeit!
Mach was extra ... halt, der Schnittlauch für'n Salat.«
Père Joseph, in der Salpêtrière
Für den Pfaffen hat er keine Zeit
Und als ob es von seinem Geld wäre
Bestellt er 'ne Henkersmahlzeit:
»Wärter, mach was extra Exquisites!
Für 'nen armen Hund ist nichts zu schad.
Mutter, laß dir Zeit, spar nicht mit Geschicklichkeit!
Mach was extra ... halt, der Schnittlauch für'n Salat.«

»PAPA« Denn wozu lebt man? Der Curé von Sainte-Héloise hat meiner Schwester zufolge die Frage beantwortet mit: für die Vervollkommnung seiner selbst. Nun wohl: was brauchte er dazu? Er brauchte dazu Wachteln zum Frühstück. *Zu dem Kind:* Mein Sohn, man lebt für das Extra. Es muß her, und wenn man Kanonen dazu benötigt. Denn wofür leistet man etwas? Dafür, daß man sich etwas leistet! Prosit! – Wer ist der junge Mann?
MME. CABET Victor, hol eine Gabel! *Das Kind geht ins Café.*

Sein Vater ist beim 93. gefallen, bei der Verteidigung der Kanonen, am 18. März. Er hat einen Fleischhandel eröffnet, Kaninchen, schweig, Jean. Ich kaufe ihm mitunter etwas ab, in Anbetracht seines ...

Das Kind kommt mit einer Gabel zurück.

»PAPA« *steht auf, einer erhebt sein Glas:* Auf dein Wohl.

Das Kind trinkt auf das Wohl von »Papa«. Musik von nebenan. Jean beginnt mit Geneviève zu tanzen, Babette mit François, Kellner mit Mme. Cabet.

»PAPA« Alles geht gut, was?

LANGEVIN Du bist zufriedengestellt?

»PAPA« *nach einer Pause:* Das ist es, was diese Stadt gewollt hat und für das sie gebaut worden ist; was sie vergessen hat unter den Peitschenhieben und an was sie erinnert wurde durch uns. – Was fehlt?

LANGEVIN Nur eines, manchmal denke ich, wir hätten besser am 18. März zugeschlagen. Wir fragten: die Wahlen oder der Marsch auf Versailles! Die Antwort war: beides.

»PAPA« Nun, und?

LANGEVIN Thiers sitzt in Versailles und sammelt Truppen.

»PAPA« Pah, ich spucke darauf. Paris hat alles entschieden. Diese halbtoten Greise wird man erledigen wie nichts. Truppen! Wir werden uns verständigen mit ihnen wie am 18. März über die Kanonen.

LANGEVIN Ich hoffe. Es sind Bauern.

»PAPA« Auf Paris, Monsieur.

Die Tanzenden kommen zurück.

BABETTE Auf die Freiheit, Jean Cabet! Die vollständige!

»PAPA« Auf die Freiheit.

LANGEVIN Ich trinke auf die teilweise.

BABETTE In der Liebe.

GENEVIÈVE Warum die teilweise, Monsieur Langevin?
LANGEVIN Sie führt zur vollständigen.
GENEVIÈVE Und die vollständige, die sofortige, das ist eine Illusion?
LANGEVIN In der Politik.
BABETTE François, du kannst tanzen, als was tanzt du? Als Physiker oder als Priester, als kleiner Priester?
FRANÇOIS Ich werde keiner sein. Eine neue Zeit bricht an, Fräulein Guéricault. Ich werde meine Physik auf Kosten von Paris studieren.
BABETTE Es lebe die Teilung! Wir haben alles, teilen wir!
GENEVIÈVE Babette!
BABETTE Ich werde dich lehren, mit Jean Backe an Backe zu tanzen.
Stürzt sich auf Geneviève.
GENEVIÈVE Ich wehre mich nicht, Babette.
BABETTE Dann nimm das und das und das.
Sie rollen am Boden. Geneviève beginnt sich zu wehren.
BABETTE Ah, du wehrst dich nicht? Willst du mir das Aug ausschlagen, du Kröte?
Jean hat François lachend zurückgehalten. »Papa« und der Kellner trennen die Kämpfenden.
MME. CABET Ihr führt euch auf, als ob ihr Schränke voll Kleider hättet. Ich war dagegen, daß ihr hinaufgingt, die Fahne herauszuhängen. Sie ist eine Kämpferin, diese da.
FRANÇOIS Eine Kommunardin ist nicht eifersüchtig.
BABETTE Sie ist aus Holz, eh!
GENEVIÈVE Nein, sie hält fest, was sie hat. Ich bin froh, daß kein Bajonett herum war, Babette. Guten Tag, Philippe!
Philippe ist hinzugetreten.

PHILIPPE Da bin ich wieder. Ich war neugierig, ob ich euch noch lebendig vorfinden würde. Nach den Zeitungen in Versailles seid ihr alle verhaftet und ermordet. Wer nicht vor dem Einschlafen »Es lebe die Kommune!« sagt, wird von der eigenen Ehefrau angezeigt und in den Latrinen von den Kommunarden gefoltert, bis er alles gesteht. Das weiß man. Es ist die Schreckensherrschaft der Kommune.
Alle lachen.
»PAPA« Das ist die erste Nacht der Geschichte, Freunde, in der dieses Paris keinen Mord, keinen Raub, keinen frechen Betrug und keine Schändung haben wird. Zum erstenmal sind seine Straßen sicher, es braucht keine Polizei. Denn die Bankiers und die kleinen Diebe, die Steuereintreiber und die Fabrikanten, die Minister, die Kokotten und die Geistlichkeit sind nach Versailles ausgewandert: die Stadt ist bewohnbar.
FRANÇOIS Ihr Wohl, »Papa«.
PHILIPPE Auch das habe ich gelesen in den Zeitungen. Das sind die Orgien. Die Orgien der Kommune! Die Tyrannen im Stadthaus haben jeder sieben Mätressen, das ist durch ein Gesetz festgelegt.
BABETTE Oh! Jean hat nur zwei.
FRANÇOIS Und warum bist du weggelaufen?
PHILIPPE Für nichts mache ich ihnen nicht den Ge-her-da. Monsieur Thiers ist bankrott, futsch, im Eimer. Er zahlt schon keinen Sold mehr aus. Die Liniensoldaten verkaufen ihre Gewehre in Versailles für 5 Frs.
»PAPA« Ich bekomme meinen Sold, ich.
LANGEVIN Du zahlst ihn dir selber aus, das ist der Unterschied.
PHILIPPE Das ist die Mißwirtschaft der Kommune. Davon

spricht man, ich bin einen Tag auf dem Land gewesen, in Arles, bei den Eltern. Sie lassen dich grüßen, François. Ich habe ihnen gesagt, daß du Kommunard geworden bist, ein Teufel, der alles teilen will.

»PAPA« Ich träume von einem Bein einer Kuh, besonders von dem Huf.

LANGEVIN Aber wie bist du durch die Linien gekommen?

PHILIPPE Es hat mich niemand aufgehalten.

LANGEVIN Das ist nicht gut. Das ist der Leichtsinn der Kommune!

»PAPA« Pierre, du hast eine zu hohe Meinung von diesen Greisen, Monsieur Thiers und Herrn von Bismarck. Willkommen, Philippe. Sie sind futsch, eh? Eine Zeitung, Pierre. *Langevin reicht ihm eine, er macht einen Kinderhelm daraus und setzt ihn auf.* Ich bin Bismarck. Jean, du bist Thiers, nimm François' Brille. Wir wollen Pierre zeigen, was diese Greise sagen, während wir in Paris unsere kleinen Feste feiern.

»Papa« und Jean stellen sich in historische Positur.

»PAPA« Mein lieber Thiers, ich habe eben einen Kaiser gemacht; ein Dummkopf, nebenbei erwähnt: wollen Sie auch einen?

JEAN Mein lieber Herr von Bismarck, ich hatte schon einen.

»PAPA« Das verstehe ich, daß Sie keinen mehr wollen, wenn Sie schon einen hatten. Das ist alles sehr schön und gut, aber wenn Sie nicht parieren, kriegen Sie Ihren Kaiser zurück, und das ist nicht nur eine Drohung, sondern ich führe sie auch aus. Nebenbei: wollen Sie einen König?

JEAN Herr von Bismarck, nur ein Teil will das, ein kleiner Teil.

»PAPA« Aber wenn Sie nicht parieren, kriegen Sie einen. Ne-

55

benbei: Was wollen denn Ihre Leute, ich meine das... wie heißt es doch gleich, das die Steuern zahlt... richtig, das Volk, was will es?

JEAN *Schaut sich scheu um:* Mich.

»PAPA« Aber das ist ja vorzüglich, Sie sind mir ja ebenso lieb wie ein Kaiser oder König – den will man also auch nicht, komisch –, Sie parieren ja auch, Sie liefern sogar noch viel besser das alles aus, wie heißt es doch gleich, wo wir sind, im Augenblick, richtig: Frankreich.

JEAN Herr von Bismarck, ich bin beauftragt, Frankreich auszuliefern.

»PAPA« Von wem, Monsieur?

JEAN Von Frankreich. Ich bin soeben gewählt worden.

»PAPA« *lacht schallend:* Wir auch! Der Kaiser und ich sind auch gewählt worden.

JEAN *lacht ebenfalls, dann:* Scherz beiseite, Herr von Bismarck, ich fühle mich ein wenig unsicher, kurz, ich bin nicht sicher, ob ich nicht verhaftet werde.

»PAPA« Wissen Sie was, ich stütze Sie. Ich habe 5000 Kanonen.

JEAN Dann habe ich nur einen Wunsch, Herr von Bismarck, würden Sie mir das erlauben: darf ich Ihnen die Stiefel küssen? *Stürzt sich auf »Papas« Stiefel und küßt sie.* Was für Stiefel! Wie das schmeckt!

»PAPA« Nur: fressen Sie sie mir nicht auf.

JEAN Und versprichst du mir, Otto, daß du damit, mit diesen Stiefeln, sie auch niedertrampeln wirst?

»PAPA« Ach, die Kommune?

JEAN Sprich das Wort nicht aus. Sprich es nicht aus! Weißt du, das ist bei mir wie bei dir dieser Liebknecht und dieser Bebel.

Der Kürassier erhebt sich und hebt sein Glas.

»PAPA« Um Gottes willen, sprich diese Namen nicht aus!

JEAN Aber warum erschrickst du denn so, Otto? Wie kannst du mir denn da helfen, Otto, wenn du da so erschrickst? Da erschrecke ich ja auch.

Sie nehmen Papierhelm und Brille ab und umarmen sich.

BABETTE Jean, das war gut. Ich glaube, die Fahne hängt noch nicht richtig, wir gehen hinauf.

Sie umarmt ihn.

FRANÇOIS Jetzt lese ich es euch doch vor. *Er liest unter einer Papierlaterne von einem Zeitungsblatt:* »Heute ist die Nacht, wo sie ihren Wein trinkt, den sie niemandem schuldet. Und am Morgen wird sich Paris erheben wie eine alte Arbeiterin und nach ihrem Werkzeug langen, das sie liebt.«

KÜRASSIER *hebt sein Glas:* Bebel, Liebknecht!

KELLNER Die Kommune!

KÜRASSIER Die Kommune!

KELLNER Bebel, Liebknecht!

FRANÇOIS Das Studium!

GENEVIÈVE Die Kinder.

7

a

Stadthaus. Rote Fahnen. Im Sitzungssaal werden Tafeln mit den Inschriften: »*1. Das Recht zu leben*« – »*2. Freiheit des einzelnen*« – »*3. Gewissensfreiheit*« – »*4. Versammlungs- und Assoziationsrecht*« – »*5. Freiheit des Wortes, der Presse und geistiger Kundgebungen jeglicher Art*« –

»6. Freies Wahlrecht während der Sitzung« festgehämmert.
29. März 1871. Eröffnungssitzung der Kommune.

BESLAY Man wirft uns vor, wir hätten uns zufriedengeben sollen mit der Wahl einer Nationalversammlung der Republik ...

RUFE Ausgeschrieben von Monsieur Thiers! – Gegen Paris!

BESLAY Aber die Befreiung der Pariser Gemeinde ist die Befreiung aller Gemeinden der Republik! Unsere Gegner behaupten, wir haben der Republik einen Schlag versetzt. Wir haben ihr einen Schlag versetzt: wie dem Pfahl, den man tiefer in die Erde schlägt! *Beifall.* Die Republik der großen Revolution des Jahres 1792 war ein Soldat, die Republik der Kommune wird ein Arbeiter sein, der vor allem der Freiheit bedarf, um aus dem Frieden etwas zu machen.

VARLIN Eine Republik, Kommunarden, die den Arbeitern ihr Arbeitswerkzeug zurückgibt, wie die von 1792 den Bauern den Boden gab und damit durch die soziale Gleichheit die politische Freiheit verwirklichte. *Beifall.* Ich verlese die ersten Gesetze. »In Erwägung, daß alle Bürger ohne Unterschied sich zur Verteidigung des nationalen Territoriums bereithalten, wird das stehende Heer abgeschafft.«

RUFE Fort mit den Generälen, den bezahlten Bluthunden! Es lebe das Volksheer! – Keine Klassenunterschiede mehr unter den Bürgern, keine Schranken mehr zwischen den Völkern! – Fordern wir die Arbeiter in den deutschen Heeren auf, den Arbeitern in den französischen die Hand zu reichen.

Beifall.

BESLAY »In Erwägung, daß der Staat das Volk ist, welches sich selber regiert, sollen alle öffentlichen Ämter nur auf bestimmte Zeitdauer und auf Widerruf besetzt und ihre Inhaber gemäß ihren Fähigkeiten gewählt werden!«

RUF Gleiche Bezahlung! Arbeiterlohn!

BESLAY »In Erwägung, daß kein Volk höher steht als der letzte seiner Bürger, soll der Unterricht allen zugänglich, unentgeltlich und sozial sein.«

RUF Speisung der Kinder in den Schulen! Die Erziehung beginnt mit der Speisung: um zu wissen, muß man auch zu essen wissen.

Gelächter und Beifall.

BESLAY »In Erwägung, daß das Ziel des Lebens in der unbeschränkten Entwicklung unseres physischen, geistigen und moralischen Wesens liegt, darf das Eigentum nichts anderes sein als das Recht jedes einzelnen, nach dem Maß seiner Mitarbeit an dem kollektiven Ergebnis der Arbeit aller teilzunehmen. In den Fabriken und Werkstätten muß die kollektive Arbeit organisiert werden.« *Beifall*. Das, meine Freunde, sind die ersten Gesetze, welche sofort verwirklicht werden sollen. Ich eröffne die erste Arbeitssitzung der Kommune von Paris.

b

Ministerium des Innern. Von einem Portier geführt, treten Geneviève und Langevin in ein Büro. Regen.

GENEVIÈVE Sie sagen, nicht ein einziger Beamter ist erschienen? Seit acht Tagen?

PORTIER Nein. Ich müßte es wissen, ich bin der Portier.

GENEVIÈVE Wie viele Beamte arbeiten hier sonst?

PORTIER 384 und der Herr Minister.

GENEVIÈVE Wissen Sie, wo die einzelnen wohnen?
PORTIER Nein.
GENEVIÈVE Wie soll man herausbringen, wo auch nur die Schulen in den Bezirken liegen, die Lehrer wohnen, das Geld für die Gehälter geholt wird? Es sind sogar die Schlüssel abgezogen.
LANGEVIN Man muß einen Schlosser holen.
GENEVIÈVE Und Sie werden gehen müssen, mir etwas Öl für die Lampe zu kaufen.
Kramt in ihrem Geldbeutelchen.
PORTIER Wollen Sie denn auch nachts arbeiten?
LANGEVIN Das ist die Delegierte der Kommune für das Unterrichtswesen.
PORTIER Das ist alles recht und schön, aber es ist nicht meine Arbeit, nach Öl zu laufen.
GENEVIÈVE Schön, aber ...
LANGEVIN Nicht schön, Sie werden das Öl kaufen gehen. Nachdem Sie der Delegierten gezeigt haben, wo die Register und die Karten mit den Schulen der Bezirke liegen.
PORTIER Ich kann nur zeigen, wo die Büros liegen.
GENEVIÈVE Ich werde die Reinemachefrau fragen müssen, vielleicht hat sie Kinder, die zur Schule müssen.
LANGEVIN Sie wird nichts wissen.
GENEVIÈVE Zusammen werden wir es in Erfahrung bringen.
LANGEVIN Es wäre am besten, gleich neue Schulen zu bauen, dann wüßte man, wo sie liegen, es muß alles von A bis Z neu gemacht werden, da es ja auch immer schlecht gemacht wurde. Das gilt von den Kliniken bis zur Straßenbeleuchtung. Wieviel bezahlt Ihnen die Bevölkerung für Ihre Dienste, zu denen das Ölholen nicht gehört?

PORTIER 7 Frs. 80 pro Tag, aber das zahlt nicht die Bevölkerung, sondern der Staat.

LANGEVIN Ja, da besteht dieser große Unterschied, eh? Die Delegierte wird das Unterrichtswesen der Stadt Paris leiten für 11 Frs. pro Tag, wenn Ihnen das etwas sagt.

PORTIER Wie sie wünscht.

LANGEVIN Sie können gehen. Falls Gehen zu Ihrem Dienst gehört.

Der Portier schlurft weg. Geneviève öffnet das Fenster.

GENEVIÈVE Und das ist selber ein armer Teufel!

LANGEVIN Nicht nach seiner Meinung. Es war wahrscheinlich ein Fehler, ihm zu gestehen, wie niedrig Ihr Gehalt ist. Jetzt verachtet er Sie. Er denkt nicht daran, seinen Rücken zu krümmen vor einer Person, die nur ein paar Francs mehr verdient. Und mehr als den Rücken krümmen, kann er nicht lernen.

GENEVIÈVE Sagen wir: nicht von selbst. Was sieht er? Die Besitzer der Minister- und Ministerialratsposten sind geflüchtet vor den niederen Gehältern, und alle Beamten, selbst die niedersten, überlassen Paris der Dunkelheit, dem Schmutz und der Unwissenheit. Und sie sind unentbehrlich.

LANGEVIN Das ist das schlimmste. Ihr Hauptinteresse besteht darin, sich unersetzlich zu machen. Das ist seit Jahrtausenden so. Aber wir werden Leute finden müssen, die ihre Arbeit so einrichten, daß sie immer ersetzlich sind; die Vereinfacher der Arbeit, das sind die großen Arbeiter der Zukunft. – Da kommt Babette.

Babette kommt mit Philippe.

BABETTE Dich sieht man überhaupt nicht mehr, im »Officiel« steht, daß du zur Ministerin gemacht worden bist oder zu was Ähnlichem.

GENEVIÈVE *konspirativ, Furcht markierend:* Hat er dir gesagt, wo ich zu finden bin?

BABETTE Der Portier? Philippe hat ihm die Pistole gezeigt.

LANGEVIN Ich ernenne dich zum Assistenten des Delegierten für das Verkehrswesen, das bin ich. Die Züge an der Nordbahn fahren zwar ab, kommen aber nicht zurück. Dafür schleppen sie ganze Wohnungseinrichtungen weg. Ich werde das Vermögen der Eisenbahnkompanie konfiszieren und die höheren Angestellten vor das Kriegsgericht bringen müssen. Denn so ist es jetzt in Paris. Hier kommen die Beamten überhaupt nicht, und dort kommen sie, um zu sabotieren. Aber warum kommt ihr?

BABETTE Ihr müßt sofort etwas machen für die Bäckergesellen.

GENEVIÈVE Aber ich bin für das Unterrichtswesen delegiert.

PHILIPPE Dann übernimm uns. In euren Zeitungen steht, der Arbeiter soll sich bilden, aber wie soll er sich bilden, wenn er nachts arbeitet? Ich sehe das Tageslicht überhaupt nicht.

LANGEVIN Die Kommune hat ein Dekret erlassen, glaube ich, das die Nachtarbeit der Bäcker abschafft.

PHILIPPE Aber die Bäckermeister erkennen es nicht an. Und wir haben kein Streikrecht, wir sind lebensnotwendig. Aber die Bäckerin darf ihren Betrieb zusperren, wenn sie will. Da ist übrigens ein Brot.

Er gibt ihr einen Laib Brot.

GENEVIÈVE Das ist Bestechung. *Beißt hinein.*

LANGEVIN Wenn sie zusperrt, werden wir ihren Laden konfiszieren und selber weiterführen.

PHILIPPE Schmeckt es? Von uns dürft ihr euch bestechen lassen, nur nicht von den Meistern. Ich werde es in der Innung sagen, sonst hauen sie heute nacht die Scheiben in den

Bäckereien ein. Aber was ist mit Babette und Mme. Cabet? Ihr Patron, der Militärschneider Busson, ist wieder zurück.

BABETTE Aber er bezahlt nur noch 1 Fr. pro Hose. Er sagt, die Nationalgarde bestellt bei den Unternehmern mit den niedrigsten Preisen.

GENEVIÈVE Warum schauen Sie mich so an, Pierre?

LANGEVIN Ich studiere, wie Sie mit der Bevölkerung auskommen, Bürgerin Delegierte.

GENEVIÈVE Wir haben kein Geld. Wir sparen mit den Mitteln der Bevölkerung.

BABETTE Aber wir sind die Bevölkerung.

LANGEVIN *als Geneviève ihn unsicher ansieht:* Lerne, Lehrerin.

BABETTE Wenn die Kommune weniger zahlt als das Kaiserreich, brauchen wir sie nicht. Und Jean ist auf den Wällen und läßt sich töten, um gerade diese Ausbeutung nicht mehr ertragen zu müssen.

PHILIPPE An seiner Hose bescheißt ihr seine eigene Mutter. Und seine Freundin. Ihr müßtet...

LANGEVIN Wir? Was ist mit euch?

PHILIPPE Gut, wir müssen...

LANGEVIN Das ist besser.

PHILIPPE Also, was müssen wir?

LANGEVIN Natürlich, seid ihr nicht in der Schneiderkorporation, eh? Das ist der Ort, wo die Preise bestimmt werden müssen. Nicht in der Hosenwerkstatt des Monsieur Busson.

BABETTE Woher soll man das wissen?

GENEVIÈVE Ich versuche, Schulen zu organisieren, in denen die Kinder es lernen.

BABETTE Woher werdet ihr dazu das Geld nehmen, wenn ihr nicht einmal Uniformen anständig bezahlen könnt?

GENEVIÈVE Die Bank von Frankreich liegt einige Blocks weit weg. Die Schwierigkeiten liegen hier. Hier sind sogar die Schränke verschlossen.
PHILIPPE Zumindest die können wir aufbrechen, denke ich.
LANGEVIN Was, du bist ein Bäcker und doch bereit, auch Schlosserarbeit zu tun? Ich sehe lichter für die Kommune, Kinder. Das nächste wird vielleicht sein, daß der daneben auch noch das Regieren lernt.

Er hat eine große Standuhr, die stillsteht, aufgezogen und gibt dem Pendel einen kleinen Stoß, so daß er wieder schwingt. Alle sehen auf die Uhr und lachen.

LANGEVIN Erwartet nicht mehr von der Kommune als von euch selber.

8

Büro des Gouverneurs der Bank von Frankreich. Der Gouverneur, der Marquis de Plœuc, im Gespräch mit einem dicken Geistlichen, dem Procurateur des Erzbischofs von Paris. Regen.

GOUVERNEUR Sagen Sie dem Herrn Erzbischof, daß ich ihm für die Übermittlung der Wünsche von Monsieur Thiers danke. Die 10 Millionen Frs. werden auf dem gewohnten Wege nach Versailles gehen. Was mit der Bank von Frankreich allerdings in den nächsten Tagen geschehen wird, weiß ich nicht. Ich erwarte jede Minute den Besuch des Delegierten der Kommune und damit meine Verhaftung. Hier liegen 2 Milliarden und 180 Millionen, Monsignore. Das ist der Lebensnerv; ist er durchschnitten, haben diese Leute gesiegt, was immer sonst geschieht.

DIENER Herr Beslay, Delegierter der Kommune.
GOUVERNEUR *bleich:* Nun, Monsignore, kommt Frankreichs Schicksalsstunde.
DER DICKE GEISTLICHE Aber wie komme ich hinaus?
GOUVERNEUR Verlieren Sie nicht die Nerven. *Herein Beslay.* Monsignore Beauchamp, Procurateur seiner Eminenz, des Erzbischofs.
DER DICKE GEISTLICHE Darf ich mich verabschieden?
GOUVERNEUR Ich nehme an, Sie benötigen die Erlaubnis von Monsieur.
BESLAY Geben Sie dem Capitaine diese Visitenkarte.
Die Herren verbeugen sich, und der Dicke geht.
BESLAY Bürger, die Zahlmeister der Nationalgardenbataillone stehen im Finanzministerium vor versiegelten Kassen. Aber der Sold muß ausgezahlt werden oder die Bank wird geplündert, ich mag sagen, was ich will. Die Leute haben Frauen und Kinder.
GOUVERNEUR Monsieur Beslay, nach den Statuten Ihres Zentralkomitees haben die Angestellten der Bank von Frankreich ein Bataillon der Nationalgarde gebildet. Lassen Sie mich Ihnen versichern, daß auch sie seit mehr als zwei Wochen keinen Sou ihres Soldes ausbezahlt bekommen haben, und auch sie haben Frauen und Kinder. Nun, Monsieur, Sie sind durch die Höfe gegangen, und Sie haben sie bewaffnet gesehen, Sechzigjährige darunter, und ich kann Ihnen versichern, daß sie kämpfen werden, wenn man die Bank angreift, die ihnen anvertraut ist.
BESLAY Dieser Kampf würde zwei Minuten dauern.
GOUVERNEUR Vielleicht nur eine. Aber welch eine Minute in der Geschichte Frankreichs!
BESLAY *nach einer Pause:* Die Kommune hat ein Dekret er-

lassen, nach dem die besonderen Bataillone aufgelöst und mit den andern verschmolzen werden müssen.

GOUVERNEUR Ich wußte, daß Sie das sagen würden, Monsieur. *Er hebt eine Rolle hoch.* Darf ich Ihnen ein Dekret aus dem Archiv der Bank zeigen, erlassen von einer andern, älteren revolutionären Körperschaft, dem Konvent der Französischen Revolution, gezeichnet von Danton, nach dem den Angestellten der großen Verwaltungen ihre Büroräume als Kampfposten zugewiesen werden.

BESLAY Herr Marquis, ich bin nicht gekommen, Blut zu vergießen, sondern die Mittel sicherzustellen, mit denen die Verteidigung von Paris und die Wiedereröffnung seiner Fabriken und Werkstätten durch die rechtmäßig gewählte Kommune finanziert werden kann.

GOUVERNEUR Monsieur, denken Sie nicht, daß ich die Rechte der Kommune auch nur für einen Augenblick in Zweifel ziehe. Die Bank von Frankreich betreibt keine Politik.

BESLAY Ah, jetzt kommen wir weiter.

GOUVERNEUR Was ich inbrünstig hoffe, ist, daß auch Sie von der Kommune die Rechte der Bank von Frankreich, welche über den Parteien steht, anerkennen.

BESLAY Herr Marquis, Sie haben es nicht mit Straßenräubern, sondern mit Ehrenmännern zu tun.

GOUVERNEUR Monsieur, das wußte ich in dem Augenblick, wo Sie hier eintraten. Monsieur, helfen Sie mir, die Bank zu retten, es ist das Vermögen Ihres Landes, es ist das Vermögen Frankreichs.

BESLAY Herr Marquis, sehen Sie uns nicht falsch. Wir arbeiten wie Kulis, 18 Stunden täglich. Wir schlafen in den Kleidern, auf den Stühlen. Für 15 Frs. täglich verrichtet jeder von uns drei bis vier Funktionen, deren Verrichtung bisher die Bevölkerung das Dreißigfache gekostet hat. Es hat sicherlich niemals eine billigere Regierung gegeben. Aber jetzt brauchen wir 10 Millionen.

GOUVERNEUR *schmerzlich:* Monsieur Beslay!

BESLAY Herr Marquis, wir haben weder die Tabaksteuern noch die Lebensmittelsteuern kassiert, aber wir müssen Sold und Löhne auszahlen, wir können uns nicht mehr halten ohne das. *Der Gouverneur schweigt vielsagend.* Wenn wir nicht bis morgen früh 6 Millionen haben...

GOUVERNEUR 6 Millionen! Ich wäre nicht berechtigt, Ihnen eine zu geben. Sie reden über Korruption in Ihren Sitzungen. Sie beschuldigen Monsieur Thiers, daß er die Bestimmungen verletzt, um Geld zu bekommen, und jetzt kommen Sie, Sie, und verlangen von mir Geld, ohne daß auch nur eine Finanzverwaltung existiert! *Verzweifelt:* Schaffen Sie mir eine Finanzverwaltung, ich werde Sie nicht fragen, wie, aber zeigen Sie mir ein Papier, das ich anerkennen kann.

BESLAY Aber das nimmt zwei Wochen. Sie vergessen vielleicht, daß wir die Macht haben.

GOUVERNEUR Aber nicht, daß ich im Rechte bin.

BESLAY Wie viele Gelder haben Sie hier liegen?

GOUVERNEUR Und Sie wissen, daß es meine berufliche Pflicht ist, das Bankgeheimnis zu wahren! Wollen gerade Sie Errungenschaften wie das Bankgeheimnis, das Anwaltsgeheimnis, das Arztgeheimnis antasten? Monsieur, darf ich Sie daran erinnern, daß auch Sie es mit einem Ehrenmann zu tun haben? Auf welcher Seite wir immer zu stehen scheinen. Arbeiten wir zusammen! Lassen Sie uns gemeinsam nachdenken, wie wir die Bedürfnisse dieser großen und geliebten Stadt befriedigen können, ohne die unendlich vielfältigen, aber ach! so nötigen Vorschriften dieses alten Instituts freventlich zu verletzen! Ich stehe voll und ganz zur Verfügung.

BESLAY Herr Marquis, auch ich stehe für friedliche Verhandlung zur Verfügung.

9

a

Stadthaus. Sitzung der Kommune. Beslay steht, einem heftigen Ansturm standhaltend. Jedoch herrscht große Ermüdung.

RUFE Das ist Verrat! – Schlimmer: Dummheit! – Sollen unsere Kommunarden hungern, weil wir dem Herrn Gouverneur der Bank von Frankreich zuhören, wenn er von »unerläßlichen Formalitäten« spricht? – Schluß mit Verhandlungen, schickt ein Bataillon hin!

BESLAY Bürger, wenn ihr unzufrieden seid mit meiner Arbeit, ziehe ich mich nur zu gerne zurück! Aber vergeßt nicht, daß das Vermögen Frankreichs das unsere ist und verwaltet werden muß von einem sparsamen Hausvater!

RUF Sind das Sie, oder ist das der Gouverneur?

BESLAY Ich schmeichle mir, diesen vielleicht etwas pedantischen, aber ehrenwerten Mann auf unsere Seite gebracht zu haben, indem ich ihn bei seiner fachmännischen Ehre anpackte und an seine Fähigkeit appellierte, einen legalen Ausweg zu finden!

RUFE Wir wollen keinen Appell an ihn, wir verlangen seine

Verhaftung. – Wozu ist ein legaler Ausweg nötig, damit das Volk sein eigenes Geld bekommt?

BESLAY Wollen Sie den Bankrott? Vergewaltigen Sie die Statuten der Bank, und 40 Millionen Bankbilletts sind wertlos. Die Währung begründet sich auf das Vertrauen!

RUFE Wessen? – Der Bankiers? – *Gelächter*. – Das sind delikate Probleme! Lesen Sie Proudhon, wenn Sie darüber sprechen wollen! – Wir haben den Staat in Besitz genommen und müssen mit unserem Besitz haushalten.

VARLIN Für wen? – Der Fall zeigt, daß es nicht genügt, den Staatsapparat in Besitz zu nehmen: er ist nicht gebaut für unsere Zwecke. Also müssen wir ihn zerschlagen. Das muß mit Gewalt geschehen.

RUFE Keine Verhaftungen! Beginnen wir nicht die neue Ära mit dem Terror! Überlassen wir derlei der alten! – Sie unterbrechen nur unsere friedliche Arbeit!

LANGEVIN Im Gegenteil, wir sind daran, sie zu organisieren.

RUFE Verhaften Sie den Gouverneur der Bank, und lesen Sie deren Zeitungen! – Die bürgerlichen? Ich lese sie und verstehe nicht, warum sie nicht verboten werden!

BESLAY Bürger, ich stelle den Antrag, den Gegenstand in geheimer Sitzung zu behandeln.

LANGEVIN Ich beantrage, den Antrag abzulehnen. Erheben wir keinen Anspruch auf Unfehlbarkeit, wie dies alle die alten Regierungen ohne Ausnahme tun. Veröffentlichen wir alle Reden und Handlungen, weihen wir das Publikum ein in unsere Unvollkommenheiten, denn wir haben nichts zu fürchten außer uns selber. Ich fahre also fort. Ich will nicht davon sprechen, daß für 200 000 Frs. der Delegierte für das Kriegswesen von den Deutschen 1000 Kavalleriepferde kaufen könnte, sie verkaufen alles –, aber ich komme auf die Frage des Soldes zurück und ergänze sie durch eine andere.

RUFE Vergeßt hier nicht, daß 200 000 Menschen und ihre Familien vom Sold leben. Ihr Gewehr ersetzt ihnen die Maurerkelle und den Spanner, es muß sie ernähren.

RANVIER Ich verlange, daß die militärische Situation besprochen wird.

LANGEVIN Anstatt die Miliz auskömmlich zu besolden und das Geld dafür zu holen, wo es ist, nämlich in der Bank von Frankreich, knausert man auch noch mit dem Stücklohn der Frauen in den Artilleriewerkstätten. Ich stelle den Antrag, daß sämtliche Lieferungskontrakte mit Unternehmern, welche die Löhne niederkonkurrieren, widerrufen und Kontrakte nur noch mit Werkstätten getätigt werden, die in den Händen der Arbeiterassoziationen sind.

RUF Von zwei Dingen eines zu einer Zeit!

VARLIN Ich bin für den Antrag Langevin. *Zu Beslay:* Aber ich bin auch für die sofortige Besetzung der Bank. Aus den gleichen Gründen.

LANGEVIN Das eine geschieht für das andere!

RANVIER Es muß auch noch der militärische Aspekt besprochen werden. Ihr seht: von drei Dingen drei! Denn ihr habt keine Zeit! Müßt ihr doch heute den innern Feind zerschmettern, um morgen dem vor euren Forts gewachsen zu sein!

RUFE Woher soll man zu all dem die Kräfte nehmen? – Wir haben nicht genug Kräfte!

RIGAULT Man verhandelt über die Bedürfnisse des Volkes; warum hört man nicht auf seine Vorschläge? Es wünscht, sofort überall einzugreifen. Vertrauen wir uns doch jener Kraft an, manchen hier immer noch so geheimnisvoll und, ja, verdächtig, Bürger, welche die Bastille einnimmt, die Revolution in Paris dekretiert, ihre ersten Schritte beschützt, auf dem Marsfeld blutet, die Tuilerien erobert, die Gironde vertilgt, Pfaffen und Kulte wegfegt, von Robespierre zurückgedrängt wird, sich im Prairial wieder erhebt, zwanzig Jahre lang verschwindet, um beim Kanonendonner der Alliierten wieder aufzutauchen, aufs neue in der Nacht versinkt, im Jahre 1830 aufsteht und, alsbald zusammengepreßt, die ersten Jahre der Herrschaft des Kapitals mit ihren Zuckungen erfüllt, 1848 die Stahlnetze sprengt, vier Monate später die Bourgeoisierepublik an der Gurgel nimmt, dann, noch einmal niedergeworfen, 1868 verjüngt ausbricht, am Kaiserreich rüttelt, dasselbe stürzt, sich abermals gegen den fremden Eindringling anbietet, abermals verschmäht und gekränkt wird, bis zum 18. März, wo sie die Hand zerschmettert, die sie erdrosseln will. Was könnten wir hier haben gegen das persönliche Eingreifen des Volkes? Es fordert die sofortige Übernahme der Betriebe und der Banken in eigene Regie, und es fordert den Kampf in jeder Richtung, aber zuvörderst den Marsch auf Versailles!

Unruhe.

RUFE Also der Bürgerkrieg! – Das Blutvergießen! – Wir hören hier zu oft das Wort Gewalt, hütet euch!

RIGAULT *hebt Zeitungen hoch:* Dann hören Sie darauf, was in den Straßen von Paris gesagt wird. Ich zitiere die Zeitung »La Sociale«, eine der wenigen Zeitungen, die für uns sind: »Bürger Delegierte, marschiert auf Versailles! Ihr werdet die 220 Bataillone der Nationalgarde hinter euch haben, alle sind für euch, auf was wartet ihr? Eure Geduld hat zu lange gewährt. Marschiert auf Versailles!

Verlaßt euch auf Paris, so wie Paris sich auf euch verläßt. Marschiert auf Versailles, Bürger, lassen Sie uns diese Kraft vergrößern, indem wir sie beanspruchen!«
Unruhe hält an.

RUFE Sie zitieren, was Sie bestellt haben! – Das sind Unverantwortliche! – Der Sozialismus marschiert ohne Bajonette!

RIGAULT Aber er hat Bajonette gegen sich, Bürger. Über Marseille und Lyon fliegt die rote Fahne, aber Versailles bewaffnet die Unwissenheit und das Vorurteil des flachen Landes gegen sie. Tragen wir die Flamme des Aufstandes in das Land: sprengen wir den eisernen Gürtel um Paris, entsetzen wir die großen Städte!
Unruhe dauert an.

RUFE Das ist das militärische Abenteuer! – Schluß! – Die Kommune verurteilt den Bürgerkrieg! – Antrag: »Die Versammlung nimmt ihre friedliche Arbeit wieder auf, ungestört durch die Versuche der allzu Ungeduldigen, Paris in ein Abenteuer zu stürzen.« – Einverstanden, aber ich beantrage doch, die feindlichen Zeitungen zu unterdrücken. Ich nenne: »Le Petit Moniteur«, »Le Petit National«, »Le Bon Sens«, »La Petite Presse«, »La France«, »Le Temps«. – Blicken Sie sich um und studieren Sie die Grundsätze dieser Versammlung!
Gelächter derer um Rigault und Varlin. Inzwischen hat der Vorsitzende eine Meldung erhalten.

VORSITZENDER Bürger Delegierte, ich erhalte eine Meldung, welche die Arbeiten der Versammlung in der Tat in eine neue Richtung wenden wird.

b

Wandelgang im Stadthaus. Delegierte und Militärpersonen betreten den Saal. Ein Zeitungsausrufer verkauft den »Officiel«.

ZEITUNGSAUSRUFER »L'Officiel«! Die Versailler Schandregierung zur Attacke übergegangen! Päpstliche Zuaven und kaiserliche Munizipalpolizei dringen in Neuilly ein! Frauen und Kinder unter den Verwundeten! Mobilisierung aller Bürger vom 17. bis zum 35. Lebensjahr! Die Versailler Schandregierung zur Attacke übergegangen!

EIN ALTER BETTLER *nähert sich ihm:* Hast du Brot bei dir?

ZEITUNGSAUSRUFER Weißt du nicht, daß das Betteln verboten wird? – Versailles eröffnet den Bürgerkrieg!

BETTLER Kann ich meinem Magen verbieten zu knurren? He?

Delegierte verlassen die Sitzung.

DER EINE ZUM ANDERN Dieser Überfall, unternommen mit so wenig Truppe, ist ein Akt nackter Verzweiflung: die Wahlen auf dem Lande sind für Monsieur Thiers schlecht ausgegangen.

BETTLER *fängt sie unten ab:* Messieurs, erlauben Sie mir, daß ich Ihnen den Ballon zeige, der soeben Paris verläßt, er ist über den Häusern zu sehen.

DELEGIERTER Ah, der Ballon der »Sociale«? Ist er abgeflogen?

BETTLER Mit Proklamationen und Deklarationen. 10 000 Stück für das flache Land. Der Boden wird den Bauern übergeben. Vom Ballon aus! Ich bin vom flachen Land, ich. Ich weiß Bescheid, ich zeige Ihnen den Ballon.

Die Delegierten schauen durch ein Fenster nach oben.

BETTLER Messieurs, der Ballon!

DELEGIERTER Du bist Bauer, mein Alter?

BETTLER Aus der Auvergne, Saint-Antoine.

DELEGIERTER Und warum bist du hier?

BETTLER Schau mich an, kann ich noch einen Pflug ziehen? Das ist etwas für die Jungen.

DELEGIERTER Zu Verwandten nach Paris gekommen, eh?

BETTLER Da ist kein Platz.

DELEGIERTER Und was denkst du über die Kommune?

BETTLER Messieurs, zu Ihren Diensten. Sie wollen das Beste, wenn Sie auch alles verteilen wollen. Gott schütze Sie. Der Ballon, Messieurs, die Besichtigung macht 10 Centimes.

DELEGIERTER Aber warum bist du gegen die Verteilung des Bodens?

BETTLER Nun, Messieurs, man nimmt weg.

DELEGIERTER Aber doch nicht dir. Du sollst bekommen.

BETTLER Verzeihen Sie, Messieurs, man nimmt weg. Habe ich etwa meinen Hof noch? 10 Centimes.

DELEGIERTER Aber da sind deine eigenen Kinder, nicht?

BETTLER Sehen Sie?

DELEGIERTER Aber das kommt doch davon, daß ihr nicht genug Land habt!

BETTLER Dürfte ich Sie um die 10 Centimes für die Besichtigung bitten, da der Ballon jeden Augenblick verschwindet.

DELEGIERTER Habt ihr einen Grundbesitzer in Saint-Antoine?

BETTLER Aber ja, Monsieur de Bergeret.

DELEGIERTER Liebt ihr ihn?

BETTLER Nun, Monsieur, er hält das Seine zusammen.

DELEGIERTER *nachdem er kopfschüttelnd gezahlt hat:* Ein Feind. Mit dem Bettelstab in der Hand verteidigt er den

Besitz, selbst den des Diebes, der ihn bestohlen hat! Um ihn zu überzeugen, wird man Jahre brauchen. *Ab.*

BETTLER *zeigt dem Ausrufer die Münze:* 10 Centimes, ein guter Ballon! Was für Dummköpfe es gibt, sie brauchten doch nur selber hinzusehen!

ZEITUNGSAUSRUFER Frauen und Kinder unter den Verwundeten. – Komm her und laß das Betrügen. Nimm einen Packen, stell dich vor der andern Treppe auf und ruf mir nach. Du bekommst 1 Centime für das Blatt.

Er gibt ihm einen Packen. Der Bettler wiederholt die Ausrufe des Ausrufers.

BEIDE »L'Officiel. Mobilisierung aller Bürger vom 17. Lebensjahr!«

c

Nachtsitzung der Kommune. Einige Delegierte arbeiten in Akten, andere konferieren miteinander. Einer berät eine Frau mit einem Kind.

VORSITZENDER Angesichts der Unrätlichkeit eines Eingreifens dieser Versammlung in militärische Operationen setzen wir trotz des unklaren Standes der Gefechte in und um Malmaison unsere Beratungen fort. Bürger Langevin.

LANGEVIN Antrag: In Erwägung, daß der erste Grundsatz der Republik die Freiheit ist; in Erwägung, daß die Freiheit des Gewissens die erste aller Freiheiten ist; in Erwägung, daß der Klerus der Komplize der Verbrechen der Monarchie gegen die Freiheit gewesen ist, dekretiert die Kommune: Die Kirche wird vom Staate getrennt. – Dazu ersuche ich den Delegierten für das Unterrichtswesen zu bestimmen, daß die Lehrer und Lehrerinnen Kruzifixe, Madonnen und andere symbolische Gegenstände aus den Schulzimmern entfernen und die Gegenstände in Metall an die Münze abgeben.

VORSITZENDER *die erhobenen Hände kalkulierend:* Angenommen.

RUFE Es wird geklagt, daß die katholischen Schwestern verwundete Kommunarden nachlässig behandeln. – Und was ist mit den geplanten Lesehallen in den Spitälern? Für die meisten Arbeiter ist die Zeit im Spital die einzige Zeit, sich zu unterrichten!

VORSITZENDER *hat eine Meldung empfangen:* Bürger Delegierte, zurückgekehrt von der Front, wünscht der Bataillonsführer André Farreaux trotz einer schweren Verwundung vor Ihnen zu erscheinen und Bericht zu erstatten.

Ein Offizier der Nationalgarde wird auf einer Bahre hereingetragen.

VORSITZENDER Bürger Farreaux, ich erteile Ihnen das Wort.

OFFIZIER Bürger Delegierte, Asnières ist in unserer Hand.

Bewegung. Rufe: »Es lebe die Kommune!« und »Es lebe die Nationalgarde!«

OFFIZIER Bürger, mit Erlaubnis des Delegierten für das Kriegswesen möchte ich im Augenblick, wo mich eine Verwundung aus den Kämpfen ausscheidet, Ihrer Erwägung gewisse Mißstände empfehlen, welche die Operationen Ihrer Truppen erschweren und selbst die Siege blutig machen. Die Unsern kämpfen wie die Löwen, aber mit beinahe derselben Gleichgültigkeit gegen die Bewaffnung. Das Besitzrecht der einzelnen, noch dazu nach den Bezirken formierten Batterien an ihren Kanonen gibt uns von 1740 Kanonen nur 320 für die Aktion.

RUFE Vergessen Sie nicht die Eigentümlichkeit unserer Armee, welche die erste der Weltgeschichte in dieser Art ist! – Diese Leute haben die Kanonen selber gegossen, Bürger Offizier.

OFFIZIER Nicht auf eigene Rechnung, Bürger Delegierter. Vielleicht ist es deshalb, daß sie sie nicht für eigene Rechnung aufstellen können. Unsere Kanonen wurden verwendet wie Schießgewehre oder gar nicht. Dabei wünscht jedermann zu schießen, aber niemand, einen Bagagewagen zu ziehen. Und jedermann wählt sich seinen Kommandeur und seinen Gefechtsort.

VARLIN Was ist Ihre Herkunft, Bürger Offizier?

OFFIZIER Absolvent der Artillerieschule von Vincennes, Capitaine der Linientruppe.

VARLIN Warum kämpfen Sie bei der Kommune?

DER EINE TRÄGER Er ist für uns.

VARLIN Sie wissen, daß die Kommune vor noch nicht zwei Tagen die Aufhebung des Generalrangs dekretiert hat? *Der Offizier schweigt.* Ich vermute, daß Sie uns die Übergabe des Kommandos an geschulte Offiziere vorschlagen wollen?

OFFIZIER Krieg ist ein Beruf, Bürger Delegierter.

VARLIN Sie tun das im Einverständnis mit dem Delegierten für das Kriegswesen, welcher selbst nicht erschienen ist?

OFFIZIER Welcher gegen alle Regeln der Kriegskunst in den vordersten Linien kämpft.

RANVIER Bürger Delegierte, ich fasse die Anschauung dieses Mannes so auf, daß man, um das Befehlen abzuschaffen, selber gelernt haben muß zu befehlen. Bürger Farreaux, wir wünschen Ihnen schnelle Genesung. Mißdeuten Sie nicht das Schweigen dieser Versammlung. Nicht nur die

Unbelehrbaren schweigen. Unsere Schwierigkeiten sind groß, sie wurden nie je erlebt, aber sie werden überwunden werden. Die Kommune ist mit Ihrem Bericht zufrieden.
Der Offizier wird hinausgetragen.
RANVIER Bürger Delegierte! Sie haben einen Sieg, und Sie haben einen wahren Bericht. Benutzen Sie beides. Sie haben die Truppen, der Feind hat geschulte Offiziere. Er hat keine Truppen wie die Ihren. Überwinden Sie Ihr berechtigtes Mißtrauen gegen Leute, die Sie bisher nur auf der Gegenseite gesehen haben; nicht alle sind gegen Sie. Fügen Sie zu der Begeisterung unserer Kommunarden das Wissen, und der Sieg ist Ihnen sicher.
Beifall.

d

Sitzung der Kommune.
VORSITZENDER Bürger Delegierte, ich unterbreche die Diskussion der Berichte über den günstigen Verlauf der militärischen Operationen um Neuilly, um Ihnen zu verlesen, was August Bebel gestern im deutschen Reichstag gesagt hat. »Das gesamte europäische Proletariat und alles, was noch ein Gefühl für Freiheit in der Brust trägt, sieht auf Paris. Der Schlachtruf des Pariser Proletariats ›Tod der Not und dem Müßiggang!‹ wird der Schlachtruf des gesamten europäischen Proletariats sein.« – Bürger, ich fordere euch auf, euch zu Ehren der deutschen Arbeiter von den Sitzen zu erheben.

Alles steht auf.
VARLIN *ruhig:* Es lebe die Internationale der Arbeiter! Arbeiter aller Länder, vereinigt euch!

10

Frankfurt. Oper, während einer Aufführung von »Norma«. Aus einer Logentür treten Bismarck in Kürassieruniform und Jules Favre in Zivil.
BISMARCK *eine Zigarre anzündend:* Ich wollte Ihnen noch etwas sagen, Favre, aber Sie sind ja ganz hübsch grau geworden, he? Ja, ihr unterzeichnet jetzt hier in Frankfurt den Frieden, aber was geschieht in Paris, Mann? Holen Sie endlich diese rote Fahne vom Pariser Stadthaus! Die Schweinerei hat mich schon einige Nächte gekostet, verdammt schlechtes Beispiel für Europa, muß man ausrotten wie Sodom und Gomorrha mit Pech und Schwefel. *Horcht auf Musik, die herausdringt, da er die Logentür offengelassen hat.* Kolossal, die Altmann! Auch als Frauenzimmer, stramme Person. Na. *Er setzt, von Favre servil begleitet, den Raucherrundgang fort.* Ihr seid mir ja komische Käuze. Waffenhilfe schlagt ihr schamhaft ab, aber eure Gefangenen sollen wir freigeben, hintenherum. Weiß ja, weiß ja, es soll nicht mit Hilfe einer fremden Regierung geschehen sein. Nach der Melodie »Ach Theodor, du alter Bock, greif mir nicht vor den Leuten untern Rock«, wie? *Horcht wieder auf die Musik.* Jetzt stirbt se, epochal. Na ja, unsere Kanaille im Reichstag verlangt ja auch, daß wir

den Bonaparte ausliefern, wird nischt draus, den halt ich mir im Ärmel, damit ich euch an der Leine halte, haha. Ausliefern tu ich den gemeinen Mann, daß ihr die Genossen in Paris zur Ader lassen könnt, das wird 'ne Überraschung sein. Krieg hin, Krieg her, Ordnung muß sein, da greif ich auch dem Erbfeind untern, schön, untern Arm, Favre. Aber jetzt haben Sie bald 200 000 Mann frei gekriegt von uns... Haben Sie übrigens die Zechinen, sie zu zahlen?

FAVRE Ich kann es Ihnen jetzt sagen, das war unsere größte Sorge, aber das ist geschafft; Bank von Frankreich. Wir konnten bis dato 257 Millionen ziehen.

BISMARCK Na, das ist 'ne Leistung, à la bonne heure. Noch was: wer garantiert Ihnen, daß die Brüder nicht wieder fraternisieren wie am 18. März?

FAVRE Wir haben sichere Kader ausgesucht. Leute mit bäuerlichem Hintergrund. Außerdem, an die Gefangenen konnten die Hetzer ja nicht heran, nicht?

BISMARCK Schön, vielleicht sind wir übern Berg. Aber wie gesagt, ich will Taten sehen, Mann. Ich habe Ihnen zugestanden, daß Sie mit der Kriegsentschädigung erst nach der Pazifizierung von Paris anfangen, also bringt gefälligst etwas Dampf dahinter. *Horcht.* Fabelhaft legt sie das hin. Und daß mir da kein Versehen passiert. Favre, der erste Scheck geht an Bleichröder, in den hab ich Vertrauen, das ist mein Privatbankier, und ich bitt mir aus, daß er seine Provision kriegt. Gut, die Altmann.

11

a

Stadthaus. Es ist spät in der Nacht. Der Saal ist geleert. Langevin, der noch gearbeitet hat, wird von Geneviève abgeholt.

LANGEVIN Sie beschweren sich, daß kein Geld für Kinderspeisungen vorhanden ist. Wissen Sie, was Beslay für den Barrikadenbau gestern triumphierend von der Bank gebracht hat? 11 300 Frs. Was für Fehler wir machen, was für Fehler wir gemacht haben! Natürlich hätte man auf Versailles marschieren müssen, sofort, am 18. März. Wenn wir Zeit gehabt hätten! Aber das Volk hat nie mehr als eine Stunde. Wehe, wenn es dann nicht schlagfertig, mit allen Waffen gerüstet, dasteht.

GENEVIÈVE Aber was für ein Volk! Ich wollte heute abend zu dem Konzert für die Ambulanzen in den Tuilerien. Man hat einige Hundert Zuhörer erwartet, es kamen Zehntausende. Ich blieb in der unübersehbaren Menge stecken. Nicht ein Wort der Beschwerde!

LANGEVIN Man hat Geduld mit uns. *Blickt auf die Tafel.* Nr. 1. Das Recht zu leben. Das ist es, aber wie wollten wir es durchsetzen? Schau auf die anderen Punkte, die alle gut aussehen, aber wie sind sie wirklich? Nr. 2. Ist das auch die Freiheit, Geschäfte zu machen, vom Volk zu leben, gegen das Volk zu intrigieren und den Feinden des Volks zu dienen? Nr. 3. Aber was schreibt ihnen ihr Gewissen vor? Ich will es dir sagen: das, was die Herrschenden ihnen vorschreiben, von Kindesbeinen an. Nr. 4. Ist es also den Börsenhaien, den Tintenfischen der käuflichen

Presse, den Metzgergenerälen und allen kleineren Blutegeln gestattet, sich in Versailles zu versammeln und die in Nr. 5 garantierten Kundgebungen »geistiger Art« gegen uns loszulassen? Ist auch die Freiheit der Lüge garantiert? Und in Nr. 6 lassen wir die Wahl von Betrügern zu! Durch ein Volk, verwirrt durch Schule, Kirche, Presse und Politiker! Und wo ist unser Recht, die Bank von Frankreich zu besetzen, welche den Reichtum birgt, den wir mit unseren nackten Händen aufgehäuft haben? Mit diesem Geld hätten wir alle Generäle und Politiker bestechen können, die unseren und Herrn von Bismarck! Wir hätten nur einen einzigen Punkt statuieren sollen: u n s e r Recht zu leben!

GENEVIÈVE Warum haben wir es nicht getan?

LANGEVIN Der Freiheit wegen, von der man nichts versteht. Wir waren noch nicht bereit, wie jedes Glied einer auf Leben und Tod kämpfenden Truppe, auf die persönliche Freiheit zu verzichten, bis die Freiheit aller erkämpft war.

GENEVIÈVE Aber wollten wir nicht nur unsere Hände nicht mit Blut beflecken?

LANGEVIN Ja, aber in diesem Kampf gibt es nur blutbefleckte Hände oder abgehauene Hände.

b

Sitzung der Kommune. Herein und Heraus von Gardisten, die Meldungen bringen. Mitunter verlassen Delegierte hastig die Sitzung. Alle Anzeichen großer Übermüdung. Die Geschäftigkeit legt sich, als ferner Kanonendonner hörbar wird.

DELESCLUZE Bürger Delegierte. Sie hören die Kanonen von Versailles. Der Endkampf beginnt.
Pause.
RIGAULT Im Interesse des Sicherheitswesens habe ich einer Abordnung von Frauen des 11. Arrondissements erlaubt, vor Ihnen zu erscheinen, um in diesen Stunden gewisse Wünsche der Bevölkerung von Paris vorzutragen.
Zustimmung.
DELESCLUZE Bürger, ihr habt mich zum Delegierten für das Kriegswesen bestimmt. Die unübersehbaren Aufgaben der Beseitigung der Kriegsschäden, der Umwandlung des nationalen Krieges in den sozialen, dazu äußere Schläge wie die Überstellung von 150 000 Kriegsgefangenen an Versailles durch Bismarck, dies und anderes hat uns nicht die Zeit gelassen, die besonderen Kräfte des Proletariats auf dem ihm fernen und neuen Gebiet der Kriegführung zu entwickeln. Wir haben es mit Generälen aller Art versucht. Die von unten, aus unsern eigenen Reihen, verstehen sich nicht auf die neuen Waffen; die von oben zu uns stießen, nicht auf die neue Mannschaft. Unsere Kämpfer, die soeben die Knechtschaft der Fabrikherren von sich geschüttelt haben, lassen sich nicht kommandieren wie Hampelmänner. Ihre Erfinderlust und ihr Wagemut sind für die geschulten Offiziere wie ebensoviel Mangel an Disziplin. Der Oberstkommandierende Rossel verlangte für die Entsetzung des Forts Issy 10 000 Mann bis zum nächsten Morgen. Durch persönliche Botengänge von Delegierten werden 7000 zusammengerufen. Monsieur Rossel vermißt also 3000 an der runden Zahl und reitet weg, das Fort Issy den Versaillern überlassend, die in Kasernen gepfercht und also jederzeit zu Diensten stehen. Mehr: Mon-

sieur Rossel gibt ein Kommuniqué an die reaktionären Zeitungen, daß alles verloren ist.

RANVIER Der große Chirurg, benötigt für die Operation, der seine Hände entweder in Lysol wäscht oder, sofern nicht vorhanden, in Unschuld!

DELESCLUZE Nun, die Situation des Entscheidungskampfes, der Straßenkampf, entscheidet über all das. Jetzt ist es die Barrikade, verachtet von den militärischen Spezialisten, der persönliche Kampf der Bewohner um die Straße, das Haus. Bürger Delegierte, wir werden in den Kampf gehen wie zur Arbeit, und wir werden sie gut machen. Sollte, Bürger, es unsern Feinden gelingen, Paris in ein Grab zu verwandeln, so wird es jedenfalls niemals ein Grab unserer Ideen werden.

Großer Beifall, viele stehen auf. Drei Arbeiterinnen werden von Gardisten hereingeführt.

DELESCLUZE Bürger Delegierte, die Delegierten des 11. Arrondissements.

Die Versammlung kommt zur Ruhe. Einige Delegierte kommen zu den Frauen herunter.

EIN DELEGIERTER Bürgerinnen, Sie bringen das Frühjahr in das Stadthaus.

FRAU Keine Bange. *Lachen.* Bürger Delegierte, ich habe ein Schreiben an euch. Es ist kurz.

RUF Sie hat 20 Seiten.

FRAU Sei still, Kleiner, das sind nur die Unterschriften, 552. *Lachen.* Bürger Delegierte! Es sind gestern nachmittag Affichen in unserm Bezirk angeschlagen worden, in denen wir, die Frauen von Paris, aufgefordert werden, eine Versöhnung mit der sogenannten Regierung in Versailles zu vermitteln. Wir antworten: Es gibt keine Versöhnung zwi-

schen der Freiheit und dem Despotismus, zwischen dem Volk und seinen Henkern. Der Platz der Arbeiter und Arbeiterinnen ist auf den Barrikaden. Es ist am 4. September gesagt worden: Nach unsern Forts unsere Wälle; nach unseren Wällen unsere Barrikaden; nach unseren Barrikaden unsere Brust. *Beifall.* Wir ändern das. Nach unseren Barrikaden unsere Häuser, nach unseren Häusern unsere Minen. *Beifall wächst.* Dies gesagt, appellieren wir aber an euch, Delegierte der Kommune, daß auch ihr nicht aus einer Axt einen Spaten macht. Bürger, vor vier Tagen ist die Patronenfabrik in der Avenue Rapp in die Luft geflogen; mehr als 40 Arbeiterinnen sind verstümmelt, vier Häuser sind eingestürzt. Die Schuldigen sind nicht festgestellt worden. Und warum gehen nur diejenigen zur Arbeit und in den Kampf, die es selber wollen? Bürger Delegierte, das ist keine Beschwerde gegen euch, versteht uns, aber als Bürgerinnen müssen wir fürchten, daß die Schwäche der Kommunemitglieder, entschuldigt, es ist geändert, daß die Schwäche einiger, entschuldigt, ich kann es nicht lesen, das ist durchgestrichen, daß die Schwäche vieler, Bürger Delegierte, wir haben uns da nicht einigen können – *Gelächter* –, also, daß die Schwäche einiger Kommunemitglieder unsere Zukunftspläne zunichte macht. Ihr habt versprochen, für uns und unsere Kinder zu sorgen, und ich will die Meinen lieber tot wissen als in den Händen der Versailler, aber wegen Schwächen wollen wir sie nicht verlieren. 552 des 11. Arrondissements. Guten Tag, Bürger.
Die Frauen ab.
VARLIN *aufspringend:* Bürger Delegierte, die Frauen der Versailler Soldaten weinen, heißt es, aber die unsern weinen nicht. Werdet ihr sie tatenlos einem Feind ausliefern,

der vor Gewalt niemals zurückgescheut ist? Man hat uns hier vor einigen Wochen gesagt: keine militärischen Operationen sind nötig, Thiers hat keine Truppen, und es wäre der Bürgerkrieg im Angesicht des Feindes. Aber unsere Bourgeoisie verbündete sich ohne Bedenken mit dem Landesfeind, um den Bürgerkrieg gegen uns zu führen, und bekam Truppen von ihm, in Gefangenschaft geratene Bauernsöhne aus der Vendée, ausgeruhte Mannschaft, unerreichbar unserem Einfluß. Es gibt keinen Konflikt zwischen zwei Bourgeoisien, der sie hindern könnte, sich gegen das Proletariat der einen oder andern sofort zu verbünden. Man hat uns dann hier gesagt: kein Terror, wo bliebe die neue Zeit? Aber Versailles übt Terror und wird uns noch alle niedermetzeln, so daß keine neue Zeit kommen mag. Wenn wir niedergeworfen werden, dann wegen unserer Milde, was ein anderer Ausdruck für Nachlässigkeit, und wegen unserer Friedlichkeit, was ein anderer Ausdruck für Unwissenheit ist. Bürger, wir beschwören euch, lernen wir endlich vom Feind!
Beifall und Unruhe.

RIGAULT Bürger, wenn Sie aufhören würden, Ihre Stimme für die Schonung Ihres Todfeindes zu erheben, könnten Sie seine Kanonen hören! *Es wird still. Der Kanonendonner wird wieder hörbar.* Zweifeln Sie nicht, daß er unerbittlich sein wird. Im Augenblick, wo er sich anschickt, den großen Aderlaß zu vollziehen, ist Paris überschwemmt mit seinen Spitzeln, Saboteuren und Agenten. *Hebt seine Tasche hoch.* Ich habe hier die Namen, ich biete sie euch an seit Wochen. Der Erzbischof von Paris betet nicht nur. Der Gouverneur der Bank von Frankreich weiß eine Verwendung für die Gelder des Volkes, die er euch vorenthält.

Das Fort Caen wurde für 120 000 Frs. an Versailles verkauft. An der Place Vendôme, zwischen den Trümmern des Monuments des Militarismus, wird offen mit exakten Plänen unserer Festungswälle gehandelt. Unsere erzürnten Frauen werfen die Agenten in die Seine, wollen wir sie wieder herausfischen? Aber in Versailles erschießt man 235 gefangene Nationalgardisten wie tolle Hunde, und man füsiliert unsere Krankenwärterinnen. Wann werden wir mit Gegenmaßnahmen beginnen?

RUF Bürger, wir haben darüber diskutiert. Wir haben festgestellt, daß wir nicht machen wollen, was die Feinde der Menschheit machen. Sie sind Unmenschen, wir nicht.

Beifall.

VARLIN Die Frage »Unmenschlichkeit oder Menschlichkeit« wird entschieden durch die geschichtliche Frage »ihr Staat oder unser Staat«.

RUF Wir wollen keinen Staat, weil wir keine Unterdrückung wollen.

VARLIN Ihr Staat oder unser Staat.

RUF Wenn wir zur Unterdrückung übergehen, können wir uns selbst davon nicht ausnehmen, aber wir kämpfen für die Freiheit.

VARLIN Wenn ihr die Freiheit wollt, müßt ihr die Unterdrücker unterdrücken. Und von eurer Freiheit so viel aufgeben als dazu nötig ist. Ihr könnt nur eine Freiheit haben, die, die Unterdrücker zu bekämpfen.

RIGAULT Terror gegen Terror, unterdrückt oder werdet unterdrückt, zerschmettert oder werdet zerschmettert!

Große Unruhe.

RUFE Nein, nein! – Das bedeutet die Diktatur. – Morgen werdet ihr uns zerschmettern! – Man verlangt die Exekution des Erzbischofs von Paris, und man zielt auf uns, die wir uns dem widersetzen. – Wer zum Schwert greift, wird durch das Schwert umkommen.

VARLIN *sehr laut:* Und wer nicht zum Schwert greift?
Kurze Stille.

RUF Die Großmut der Kommune wird Früchte tragen! Laßt sie von der Kommune sagen: sie hat die Guillotine verbrannt.

RIGAULT Und die Bank stehen lassen! Großmut! Bürger, die Kommune hat beschlossen, auch die Waisen der für Thiers gefallenen Soldaten zu adoptieren. Sie hat die Frauen von 92 Mördern mit Brot versehen. Für die Witwen existieren keine Fahnen, die Republik hat Brot für alles Elend und Küsse für alle Waisen. Recht so! Aber wo ist die Aktion gegen den Mord, die ich die aktive Seite der Großmut nenne? Man sage mir nicht: Gleiche Rechte für die Kämpfer dort wie hier. Das Volk kämpft nicht, wie die Ringkämpfer und die Händler kämpfen. Oder jene Nationen, welche die Interessen dieser Händler wahrnehmen. Das Volk kämpft wie der Richter gegen den Übeltäter, wie der Arzt gegen den Krebs. Und doch verlange ich nur Terror gegen Terror, obwohl wir allein das Recht auf Terror haben!

RUF Das ist eine Blasphemie! Wollen Sie leugnen, daß die Anwendung von Gewalt auch den, der sie anwendet, erniedrigt?

RIGAULT Nein, ich leugne es nicht.

RUFE Wort entziehen! Das sind die Reden, die uns diskreditieren! Blicken Sie sich um. Wir sind nicht mehr so viele hier, wie wir im März waren! – Delescluze, sprechen Sie! – Delescluze! – Delescluze!

DELESCLUZE Bürger, ihr seht mich unentschlossen, ich gestehe es. Auch ich habe solange meine Stimme feierlich gegen die Gewalt erhoben. »Widerlegt diese eingewurzelte Meinung, daß die Gerechtigkeit der Gewalt bedarf«, sagte ich. »Laßt sie endlich einmal siegen mit bloßen Händen! Die Lüge muß mit Blut, die Wahrheit kann mit Tinte geschrieben werden«, sagte ich. »In wenigen Wochen hat die Kommune von Paris mehr für die Menschenwürde unternommen als alle anderen Regierungen in acht Jahrhunderten. Fahren wir ruhig fort, Ordnung in die menschlichen Beziehungen zu bringen, der Ausbeutung des Menschen durch den Menschen ein Ende zu setzen«, sagte ich, »widmen wir uns unsern Arbeiten, die jedermann nützen, der kein Schädling ist – und die 50 Ausbeuter in Versailles werden die Schar ihrer Knechte um sich zusammenschmelzen sehen wie Schnee in der Frühjahrssonne. Die Stimme der Vernunft, rein von Zorn, wird die Würger zum Halten bringen, der einfache Satz, ›ihr seid Arbeiter wie wir‹, wird sie an unsere Brust werfen.« Das ist, was ich sagte, wie viele von euch. Möge es mir und euch verziehen werden, wenn wir uns täuschten! Ich bitte die Delegierten, die Hände zu heben, die auch jetzt noch gegen Repressalien sind.

Langsam heben die meisten die Hände.

DELESCLUZE Die Kommune spricht sich gegen Repressalien aus. – Bürger Delegierte, Sie erhalten Gewehre.

Nationalgardisten sind mit Armen voll Gewehren gekommen und verteilen sie unter die Delegierten.

DELESCLUZE Bürger Delegierte, wir fahren fort mit den laufenden Arbeiten. Zur Diskussion steht die Organisation einer Kommission für Frauenbildung.

KEINER ODER ALLE

1

Sklave, wer wird dich befreien?
Die in tiefster Tiefe stehen
Werden, Kamerad, dich sehen
Und sie werden hörn dein Schreien.
Sklaven werden dich befreien.
    Keiner oder alle. Alles oder nichts.
    Einer kann sich da nicht retten.
    Gewehre oder Ketten.
    Keiner oder alle. Alles oder nichts.

2

Hungernder, wer wird dich speisen?
Willst du dir ein Brot abschneiden
Komm zu uns, die Hunger leiden
Laß uns dir die Wege weisen.
Hungernde werden dich speisen.
    Keiner oder alle. Alles oder nichts.
    Einer kann sich da nicht retten.
    Gewehre oder Ketten.
    Keiner oder alle. Alles oder nichts.

3

Wer, Geschlagener, wird dich rächen?
Du, dem sie den Schlag versetzten
Reih dich ein bei den Verletzten
Wir in allen unsern Schwächen
Werden, Kamerad, dich rächen.
   Keiner oder alle. Alles oder nichts.
   Einer kann sich da nicht retten.
   Gewehre oder Ketten.
   Keiner oder alle. Alles oder nichts.

4

Wer, Verlorener, wird es wagen?
Wer sein Elend nicht mehr tragen
Kann, muß sich zu jenen schlagen
Die aus Not schon dafür sorgen
Daß es heut heißt und nicht morgen.
   Keiner oder alle. Alles oder nichts.
   Einer kann sich da nicht retten.
   Gewehre oder Ketten.
   Keiner oder alle. Alles oder nichts.

12

Place Pigalle. Ostersonntag 1871. Jean Cabet, François Faure und zwei Kinder arbeiten an einer Barrikade. Babette Cherron und Geneviève Guéricault nähen Sandsäcke. Ferner Kanonendonner. Geneviève hat den Kindern, die in einer Holzwanne mit Schaufeln, größer als sie selber, Mörtel rühren, ein Liedchen vorgesungen.

KIND Würden Sie es noch einmal singen, bitte, Mademoiselle?
GENEVIÈVE Aber das ist das letzte Mal.
Sie singt:

Ostern ist's. Bal sur Seine
Für Opapa, Kegel und Kind
Weil da die blauen Kähne
Frisch gestrichen sind.

Und beim Eiersuchen
Hört man im Wäldchen von weit
Schon die Kinderlein fluchen
Gegen die Mittagszeit.

Unter dem Laub an den Tischen
Erzähln wir, wie komisch es war
Und nach Ivry zum Fischen
Gehen wir nächstes Jahr.

DAS KIND *singt nach:* Gehen wir nächstes Jahr.
DAS ANDERE KIND *zu Jean:* Du und Babette, schlaft ihr miteinander?

JEAN Ja.
DAS KIND Sie ist hopps von dir, eh?
JEAN Hm. Da sie sich in mich verliebt hat.
BABETTE Du hast dich in mich verliebt.
JEAN Wie immer das war, ihr wißt, sie hat damit angefangen.
BABETTE Wieso? Ich sagte kein Wort, du warst es.
JEAN Nein, ich weiß. Aber deine Augen.
BABETTE Und deine? *Zu François:* Warum maulst du, Kleiner?
FRANÇOIS Mir gefällt nicht der Ton, mit dem du da sagst: »Philippe ist weggelaufen.« Das muß man wissenschaftlich, das heißt leidenschaftslos betrachten. Ich nehme an, der Kampf schien ihm aussichtslos, im Gegensatz zu uns, ergo: er verläßt Paris.
JEAN Du meinst, uns. Uns, die kämpfen.
FRANÇOIS Nicht uns, nur den aussichtslosen Kampf.
JEAN Leider können wir Paris nicht so leicht verlassen. Warum? Die Blätter können den Baum nicht verlassen, die Blattläuse können es. Er ist eine Laus, Philippe.
FRANÇOIS Ich werde dir die Zähne einschlagen müssen, Jean.
JEAN Aber leidenschaftslos, bitte.
FRANÇOIS *hilflos:* Ach. Jean, wir wissen nichts. *Pause.* Was du denkst, könnte man vielleicht so ausdrücken: Philippe ist kein besonders mutiger Mensch, da er nicht denken gelernt hat.
JEAN Gut.
BABETTE Wenn ich mit Jean zusammenziehe, Geneviève, wirst du die Miete allein bezahlen können?
Pause.

GENEVIÈVE Ja, Babette.

JEAN Oh, verdammt. Müßt ihr Weiber immer von der Zukunft sprechen?

GENEVIÈVE *leise:* Sie muß, Jean.

FRANÇOIS Schlecht ist, daß wir abgeschnitten sind vom flachen Land. Wir können nicht zu Frankreich sprechen.

GENEVIÈVE Sie haben selber Vernunft.

JEAN Babette, das erinnert mich, wir müssen unsere Malarbeit holen. Eines ist sicher: wenn sie angreifen, wird Paris zu ihrem Grab werden, wie, François?
Sie arbeiten weiter.
Mme. Cabet kommt.

MME. CABET Verzeiht, ich hatte ein wirkliches Bedürfnis nach der Mette, und ich habe gestern nacht noch vier Säcke extra genäht. Ihr bekommt jetzt die Ostergeschenke.
Sie überreicht François ein Paket.

FRANÇOIS *macht es auf:* Der Lavoisier. Gerade gestern wollte ich etwas Bestimmtes bei ihm nachlesen.

MME. CABET Oh, Jules und Victor, ihr hättet zuerst bekommen sollen, verzeiht mir. *Sie überreicht ihnen je eine Semmel.* Jean, das ist ein Schlips, ich habe die Fahne ein wenig gekürzt. »Papa« war unwillig, aber ich tat es. Ich habe nichts für Sie, Geneviève, so wird es ein Händedruck. *Sie schüttelt Geneviève die Hand.* Es ist immer so peinlich, wenn man nichts zu schenken hat, nicht? Und das ist für dich und eigentlich für jemand anderen, Babette, du verstehst, eh? *Sie überreicht Babette ein Osterei.* Das nächste Ostern wird er ein solches bekommen.

JEAN Sie. *Sie lachen.*

MME. CABET Und jetzt möchte ich, daß ihr mit heraufkommt, ich habe noch einen Schluck Wein.

Alle bis auf Geneviève folgen ihr. Als auch Geneviève aufsteht, sieht sie zwei Nonnen auf sich zukommen.

DIE EINE NONNE *leise:* Geneviève!

GENEVIÈVE *läuft auf sie zu und umarmt sie:* Guy!

GUY Gemach, meine Kleine, war es schlimm?

GENEVIÈVE Aber warum bist du in der Tracht? Sieben Monate!

GUY Kannst du uns in dein Zimmer führen? Wohnst du allein? Und kannst du ein Rasiermesser besorgen? Der verdammte Bartwuchs!

GENEVIÈVE Aber warum muß es so heimlich sein, nun bist du doch da und in Sicherheit! Bist du aus der Gefangenschaft weggelaufen?

GUY Nein, ich erkläre dir alles, in deinem Zimmer.

GENEVIÈVE Aber ich wohne nicht mehr allein, da ist Babette, sie kann jeden Augenblick kommen. Ich meine, wenn es niemand sehen soll. Guy, du bist nicht gegen die Kommune hier in Paris? Nicht für Thiers?

GUY Oh, du bist immer noch für die Internationale? Trotz aller Greuel?

GENEVIÈVE Welcher?

GUY À bas. Die Zeit für revolutionäre und humanitätsduselige Deklamation ist herum, jetzt wird es ernst. Ganz Frankreich hat genug von diesen Plünderungen und Gewalttaten.

GENEVIÈVE Und so bist du ein Spion des Henkers Thiers geworden.

GUY Geneviève. Wir können das nicht auf der Straße abmachen. Ich bin gesehen worden, ich wollte dich nicht hineinziehen, der verdammte Bartwuchs hat mich gezwungen. Schließlich sind wir verlobt, oder waren es, vielleicht sagen wir lieber so. Du kannst mich nicht vor die Hunde gehen lassen, und die Schwestern von Saint Joseph sind mit hineinverwickelt, ich dachte, du bist Katholikin, oder ist das auch aus?

GENEVIÈVE Ja, Guy.

GUY Eine schöne Bescherung! Und alles auf der Straße!

GENEVIÈVE Die Straße ist ein guter Ort, wir schicken uns an, unsere Wohnungen auf der Straße zu verteidigen.

GUY Das ist alles heller Wahnsinn. Versailles ist fertig zum Einmarsch. Drei Armeekorps. Wenn du mich ans Messer lieferst ...

Er greift unter den Nonnenrock nach einer Pistole.

»PAPA« *der mit Coco gekommen ist und einiges gesehen hat:* Einen Augenblick, Monsieur. *Er legt sein Gewehr an.* Mademoiselle, Sie haben interessante Freunde.

GENEVIÈVE Monsieur Guy Suitry, mein Verlobter, »Papa«. *Die Nonne, mit der Guy kam, läuft plötzlich weg.*

»PAPA« Halt sie auf, Coco. Oder ihn. *Zu Geneviève:* Erklären Sie.

GENEVIÈVE *während Coco der Nonne folgt:* Monsieur Suitry war in deutscher Gefangenschaft und besorgt in Paris Geschäfte für Monsieur Thiers.

GUY Geneviève!

»PAPA« Oh. Es tut mir leid, Geneviève.

COCO *zurück:* Kein Busen, aber weiblich. An die Wand mit ihm. Und dann ein kleiner Besuch im Konvent Saint Joseph. *Er treibt Guy mit dem Bajonett an die Barrikade.* Dreh dich um.

FRANÇOIS *kommt:* Geneviève, wo bleibst du? Was ist hier los?

»PAPA« Genevièves Guy ist zurückgekommen. Bismarck hat

ihn Thiers zurückgegeben, damit er uns hier ausspitzelt. Und die Nonnen von Saint Joseph haben ihn barmherzig aufgenommen. *Zu Guy:* Dreh dich um.
FRANÇOIS Das könnt ihr nicht tun. Ihr könnt ihn verhaften.
»PAPA« Dann kommt er in die Petite Roquette und kann mit dem Herrn Erzbischof Koteletten speisen. Unsere Leute in der Kommune wetteifern leider mit Saint Joseph in der Barmherzigkeit, bis wir alle an die Mauer gestellt werden. *Zu Guy:* Nein, du wirst niemand mehr berichten, was du in der Rue Pigalle gesehen hast.
FRANÇOIS Keine Unbedachtsamkeit, »Papa«!
»PAPA« Ach, ist es Unbedachtsamkeit? Der General Gervais verkauft eines unserer Forts an Versailles, aber ich bin unbedachtsam, he? Freilich, ihr denkt wohl hier, ich bin ein bißchen tiefer drin als ihr, das erklärt meine Heftigkeit, eh! *Zu Geneviève:* Da war ein bestimmter Morgen, wo wir uns begegneten, und ich hatte nicht geschlafen, ich.
GENEVIÈVE Bürger Goule, ich habe inzwischen gelernt, daß es heißen muß: Einer für alle, alle für einen. Und wenn es auch nur wäre, Sie zu verteidigen, würde ich nicht von dieser Barrikade weggehen.
»PAPA« *unsicher:* Ich denke, ich verstehe Sie.
FRANÇOIS Madame Cabet kann es nicht dulden, »Papa«. Laß Geneviève entscheiden, macht nichts Übereiltes. Geneviève, sag ihnen, du willst es nicht. Du mußt nicht denken, wir glauben, es ist, weil er dein Verlobter ist. Rede mit ihnen, Geneviève.
Geneviève schweigt.
»PAPA« Gut, Geneviève, geh ins Haus.
COCO Du sollst dich umdrehen.

Mme. Cabet kommt mit den Kindern.

MME. CABET Jean und Babette wollten allein sein. Ah, die Liebe! Das ist besser als Sandsäcke nähen. Was macht ihr?

COCO Keine Nonne, Mme. Cabet. Genevièves Verlobter. Spitzel.

MME. CABET Warum steht er an der Wand? Es ist ihm schlecht, das seht ihr doch? *Sie schweigen alle.* Nein! Tut das nicht, nicht am Ostersonntag! Und vor den Kindern! Vor den Kindern kommt es gar nicht in Frage, ihr. Gebt ihn der Polizei, das ist schon schlimm genug für Geneviève. Du kommst mit, ein Glas Wein trinken, du kannst es brauchen. Keine Dummheiten hier.

»PAPA« *mißmutig:* Hol euch der Teufel. Man wird euch zerstampfen wie Dreck. Marsch, Lump, bedank dich bei den Kindern, die bestimmen hier in Paris.

Coco und er selbst treiben Guy weg.

FRANÇOIS *zu den Kindern:* Gehen wir an die Arbeit!

Sie beginnen wieder zu arbeiten. Mme. Cabet will Geneviève wegführen. Aber sie schüttelt den Kof und setzt sich zum Sacknähen.

FRANÇOIS Es sind auch schlechte Menschen bei uns. Bei den Bataillonen hat man jetzt sogar Kriminelle eingestellt.

MME. CABET Ja. Daß sie bei uns sind, ist das einzig Gute, das sie je tun werden.

FRANÇOIS Auch oben. Leute, die sich Vorteile verschaffen.

MME. CABET Wir kriegen, was wir kriegen.

FRANÇOIS Ich werde den Apfelbaum umhauen müssen.

MME. CABET Müssen wir wirklich? *Jean und Babette kommen.* Jean und Babette, François will den Apfelbaum umhauen.

BABETTE Nein.

JEAN Es wird nie eine ordentliche Barrikade mit ihm dazwischen. Aber lassen wir ihn stehen, wenn du willst. *Klopft der Kanone den Hals.* Munition oder keine Munition, es ist gut, dich da zu haben, was immer die Generäle sagen, die eigenen eingeschlossen. *Er entrollt mit Babette ein Leinwandtransparent: »Ihr seid Arbeiter wie wir.«* Da habe ich meinen Spruch, François. *Sie hängen es über die Barrikade, die Schrift den Angreifern zu.* Man muß es ihnen sagen.

MME. CABET Ich weiß nicht, Jean, wenn es die sind, die sie früher in der Armee hatten, die von der Provinz... Diese Bauernknechte, die sechzehn Stunden im Tag arbeiten, und die Söhne der verschuldeten Krämerfrauen, ja sogar die Schuster glauben immer, sie sind was Besseres als die Arbeiter.

JEAN Vielleicht überlegen sie es sich, wenn sie den Spruch zusammen mit unserem Gewehrfeuer sehen, Maman.

13

Während der blutigen Maiwoche auf der Place Pigalle. An der Barrikade schußbereit Geneviève Guéricault, Jean Cabet, François Faure und zwei Zivilisten. Der deutsche Kürassier schleppt »Papa« eine Kiste mit Munition ins Mauereck nach. Eine schwerverwundete fremde Frau liegt an einer geschützten Stelle. Schwerer Geschützdonner. Trommeln, welches Attacken in den benachbarten Gassen anzeigt. Der Apfelbaum steht in voller Blüte.

FRANÇOIS *laut rufend:* Langevin und Coco wären jetzt lang hier, wenn sie noch lebten. Es sind jetzt drei Tage.

»PAPA« Coco lebt. Und wenn Paris sie heut mit blutigen Köpfen heimschickt, löst sich das ganze Versaillesgesindel auf, ein für allemal.

FRANÇOIS Sie sind gut bewaffnet, mit Mitrailleusen. Wißt ihr, die neue Zeit gibt ihre Waffen immer zuerst den Hyänen der alten.

»PAPA« Am 18. März hätten wir das Nest in zwei Stunden ausgehoben.

FRANÇOIS Was meinst du, Jean?

JEAN Wie du mir einmal sagtest: Wir wissen nichts.

GENEVIÈVE Nun, Jean, wir lernen.

JEAN Indem wir ins Gras beißen, das wird viel helfen.

GENEVIÈVE Es wird helfen, Jean. Jetzt kommen sie wieder.

JEAN Noch nicht. Was hilft mir und dir Wissen, Geneviève, wenn wir gestorben sind!

GENEVIÈVE Ich spreche nicht von dir und mir, ich sagte »wir«. Wir, das sind mehr als ich und du.

JEAN Ich hoffe nur, wir haben genug »Wir« an der Seite und im Rücken.

Es ist etwas stiller geworden.

DIE VERWUNDETE *plötzlich klar:* Ihr, ich wohne 15 Rue des Cygnes, schreibt an die Wand, neben der Tür, für meinen Mann, was mit mir geschehen ist. Ich heiße Jardain.

FRANÇOIS Gut, 15 Rue des Cygnes.

DIE VERWUNDETE Wir wollten gegen die Preußen weiterkämpfen, weil es hieß, sie geben uns die Gefangenen nicht gleich zurück, eh? Ich habe zwei dabei. Jetzt kommen sie zurück, so. *Zeigt über die Barrikade weg.* Was man denen von uns erzählt haben muß! Mir wird wieder schlecht.

Sie sinkt zurück und beginnt wieder zu fiebern.

FRANÇOIS Sie sind nur so rasend, weil sie das machen müssen.

JEAN Wir sollten sie doch ins Haus tragen.

FRANÇOIS Nicht, wenn sie nicht will. Sie fürchtet, es brennt.

JEAN Aber sie hindert hier.

FRANÇOIS Nicht sehr, Jean. Und sie hat gekämpft, nicht?

JEAN Ja, ein Gewehr kann sie handhaben.

Trommeln sehr nahe.

JEAN Das ist in der Rue Blanche.

Pierre Langevin, gefolgt von einem Kind.

LANGEVIN *versucht, das Kind fortzuscheuchen:* Geh weg, das ist ein Befehl, du hinderst hier nur. *Das Kind weicht zurück, bleibt dann aber stehen, auf ihn wartend.* In der Rue Blanche brauchen sie Verstärkung.

JEAN *zuckt mit den Achseln:* Wo ist Coco?

LANGEVIN *schüttelt den Kopf, auf »Papa« blickend; dann:* Könnt ihr den Kürassier entbehren?

»PAPA« Salut, Coco. Nein, er versteht nur meine Sprache. Was ist im Stadthaus?

LANGEVIN Niemand mehr dort. Sie sind auf den Barrikaden. Delescluze ist auf der Place du Château d'Eau gefallen. Vermoral ist verwundet, Varlin kämpft in der Rue Lafayette. Die Schlächtereien am Nordbahnhof sind so, daß Frauen auf die Straße stürzen, die Offiziere ohrfeigen und sich selber an die Mauer stellen.

Langevin geht weiter, das Kind folgt ihm.

JEAN Es steht schlecht, er hat nicht nach Mutter gefragt.

Mme. Cabet und Babette bringen Suppe.

MME. CABET Kinder, ihr müßt essen, aber sie hat keinen Schnittlauch. Und wozu müßt ihr die Käppis aufhaben, wenn es alles nichts hilft, werdet ihr nur daran erkannt. Du mußt vom Schöpflöffel ess... *Jean den Schöpflöffel reichend, fällt sie in sich zusammen.*

JEAN Maman!

FRANÇOIS Von den Dächern.

»PAPA« *brüllend:* In Deckung. Es ist nur der Arm.

Er läuft her und schleppt Mme. Cabet weg ins Haus. Babette sammelt betäubt das Eßgeschirr zusammen. Halben Weges zum Haus fällt auch sie.

GENEVIÈVE *Jean zurückhaltend:* Jean, du darfst nicht hin.

JEAN Aber sie ist nicht schwer getroffen.

GENEVIÈVE Ja, sie ist es.

JEAN Sie ist es nicht.

FRANÇOIS Sie kommen. Gebt Feuer! *Er schießt.*

JEAN *zurück zur Barrikade, schießt ebenfalls:* Ihr Hunde, ihr Hunde, ihr Hunde!

Der eine Zivilist läuft weg. »Papa« kommt zurück. In der Gasse links rücken Liniensoldaten vor, knien nieder, feuern. François fällt. Die Salve hat das Transparent niedergerissen. Jean zeigt darauf und fällt. Geneviève nimmt die rote Fahne auf der Barrikade und zieht sich damit in die Ecke zurück, wo »Papa« und der Kürassier Feuer geben. Der Kürassier fällt. Geneviève wird getroffen.

GENEVIÈVE Es lebe die... *Sie fällt.*

Aus dem Haus schleppt sich Mme. Cabet und sieht die Gefallenen. »Papa« und der Zivilist schießen weiter. Aus allen Gassen rücken jetzt mit gefälltem Bajonett Liniensoldaten auf die Schanze zu vor.

14

Von den Wällen von Versailles aus betrachtet die Bourgeoisie den Untergang der Kommune mit Lorgnons und Operngläsern.

BÜRGERIN Meine einzige Sorge ist, daß sie nach Saint-Ouen entkommen.

EIN HERR Keine Sorge, Madame. Wir haben schon vor zwei Tagen einen Vertrag mit dem Kronprinzen von Sachsen unterzeichnet, daß die Deutschen niemand entkommen lassen. Wo ist das Frühstückskörbchen, Emilie?

ANDERER HERR Welch erhabenes Schauspiel! Die Brände, die mathematischen Bewegungen der Truppen! Man versteht jetzt das Genie Haußmanns, Paris mit Boulevards zu versehen. Man hat diskutiert, ob sie zur Verschönerung der Hauptstadt beitrügen. Kein Zweifel nun, sie tragen zumindest zu ihrer Pazifizierung bei!

Große Detonation. Die Herrschaften klatschen.

STIMME Das war die Mairie von Montmartre, ein besonders gefährliches Nest.

ARISTOKRATIN Das Glas, Annette. *Blickt durchs Opernglas.* Glänzend!

DAME NEBEN IHR Wenn der arme Erzbischof das noch erlebt hätte! Ihn nicht gegen diesen Blanqui einzutauschen, war ein wenig hart von ihm.

ARISTOKRATIN Unsinn, meine Liebe. Er hat das ausgezeichnet erklärt, mit lateinischer Klarheit! Dieser Gewaltanbeter Blanqui war für das Gesindel ein Armeekorps wert und die Ermordung des Erzbischofs – Gott habe ihn selig – für uns zwei Armeekorps. Oh, er kommt selbst.

Thiers kommt, begleitet von einem Adjutanten, Guy Suitry. Man klatscht ihm Beifall. Er lächelt, verneigt sich.

ARISTOKRATIN *halblaut:* Monsieur Thiers, das bedeutet die Unsterblichkeit für Sie. Sie haben Paris an seine wahre Herrin zurückgegeben, an Frankreich.

THIERS Frankreich, das ist – Sie, Mesdames et Messieurs.

Bertolt Brecht
im Suhrkamp Verlag

Gesammelte Werke. Dünndruckausgabe in acht Bänden. Herausgegeben vom Suhrkamp Verlag. Leinen und Leder

Inhalt:
Bände 1-3: Stücke – Band 4: Gedichte – Bände 5 und 6: Prosa – Band 7: Schriften zum Theater – Band 8: Schriften zur Literatur und Kunst, zur Politik und Gesellschaft. Supplementband 1: Texte für Filme – Supplementband 2: Gedichte aus dem Nachlaß

Werkausgabe in zwanzig Bänden. Diese Ausgabe ist textidentisch mit der achtbändigen Leinenausgabe. Leinenkaschiert
- Supplementbände zur Werkausgabe. Leinenkaschiert

Arbeitsjournal 1938-1955. Herausgegeben von Werner Hecht. 3 Bände. Leinen
- Arbeitsjournal 1938-1955. 2 Bände. Leinenkaschiert

Briefe. Herausgegeben und kommentiert von Günter Glaeser. 2 Bände. Leinen

Tagebücher 1920-1922. Autobiographische Aufzeichnungen 1920-1954. Herausgegeben von Herta Ramthun. Leinen, kartoniert und es 979

Versuche. 4 Bände in Kassette

Erste Gesamtausgabe in 41 Bänden von 1953 ff.:
Die Einzelbände dieser Ausgabe sind nur noch teilweise lieferbar, sie werden nicht mehr neu aufgelegt, da der Text für die Gesammelten Werke 1967 nochmals revidiert wurde.

Einzelausgaben:
- Aufstieg und Fall der Stadt Mahagonny. es 21
- Ausgewählte Gedichte. es 86
- Ausgewählte Gedichte Brechts mit Interpretationen. Herausgegeben von Walter Hinck. es 927
- Baal. Drei Fassungen. Kritisch ediert und kommentiert von Dieter Schmidt. es 170
- Baal. Der böse Baal der asoziale. Texte, Varianten und Materialien. es 248
- Bertolt Brechts Dreigroschenbuch. Herausgegeben von Siegfried Unseld. 2 Bände. st 87
- Bertolt Brechts Gedichte und Lieder. Auswahl von Peter Suhrkamp. BS 33
- Bertolt Brechts Hauspostille. Gedichte. Mit Gesangsnoten. BS 4

Bertolt Brecht
im Suhrkamp Verlag

Einzelausgaben:
- Bertolts Brechts Hauspostille (1927). Bibliothek deutscher Erst- und Frühausgaben in originalgetreuen Wiedergaben. Herausgegeben von Bernhard Zeller. (Insel Verlag)
- – Mit Radierungen von Chr. Meckel. it 617
- Buckower Elegien. IB 810
- Das Badener Lehrstück vom Einverständnis. Die Rundköpfe und die Spitzköpfe. Die Ausnahme und die Regel. Drei Lehrstücke. es 817
- Das große Brecht-Liederbuch. Herausgegeben und kommentiert von Fritz Hennenberg. 3 Bände im Schuber. Leinen
- Das Verhör des Lukullus. Hörspiel. es 740
- Der aufhaltsame Aufstieg des Arturo Ui. es 144
- Der Brotladen. Ein Stückfragment. Die Bühnenfassung und Texte aus dem Fragment. Herausgegeben von Manfred Karge und Matthias Langhoff. es 339
- Der gute Mensch von Sezuan. es 73
- Der Jasager und Der Neinsager. Vorlagen, Fassungen und Materialien. Herausgegeben und mit einem Nachwort versehen von Peter Szondi. es 171
- Der kaukasische Kreidekreis. es 31
- Der Ozeanflug. Die Horatier und die Kuriatier. Die Maßnahme. es 222
- Der Tui-Roman. Fragment. es 603
- Die Antigone des Sophokles. Materialien zur ›Antigone‹. es 134
- Die Bibel und andere frühe Einakter. BS 256
- Die Dreigroschenoper. es 229
- Die Gedichte in einem Band. Leinen
- Die Geschäfte des Herrn Julius Caesar. es 332
- Die Gesichte der Simone Machard. es 369
- Die Gewehre der Frau Carrar. es 219
- Die heilige Johanna der Schlachthöfe. es 113
- Die Maßnahme. Kritische Ausgabe mit einer Spielanleitung von Reiner Steinweg. es 415
- Die Mutter. Leben der Revolutionärin Pelagea Wlassowa aus Twer. es 200
- Die Tage der Commune. es 169
- Einakter und Fragmente. es 449
- Flüchtlingsgespräche. BS 63
- Frühe Stücke: Baal. Trommeln in der Nacht. Im Dickicht der Städte. st 201

Bertolt Brecht
im Suhrkamp Verlag

Einzelausgaben:
- Furcht und Elend des Dritten Reiches. es 392
- Gedichte. Ausgewählt von Autoren. Mit einem Geleitwort von Ernst Bloch. st 251
- Gedichte für Städtebewohner. st 640
- Gedichte über die Liebe. Ausgewählt von Werner Hecht. Leinen, Leder und st 1001
- Gedichte und Lieder aus Stücken. es 9
- Gesammelte Gedichte. 4 Bände. es 835-838
- Geschichten. BS 81
- Geschichten vom Herrn Keuner. st 16
- Herr Puntila und sein Knecht Matti. es 105
- Im Dickicht der Städte. Erstfassung und Materialien. es 246
- Kuhle Wampe. Protokoll des Films und Materialien. Herausgegeben von Wolfgang Gersch und Werner Hecht. es 362
- Leben des Galilei. es 1
- Leben Eduards des Zweiten von England. Vorlage, Texte und Materialien. es 245
- Liebesgedichte. IB 852
- Mann ist Mann. Lustspiel. es 259
- Me-ti. Buch der Wendungen. BS 228
- Mutter Courage und ihre Kinder. es 49 und BS 710
- Prosa. 4 Bände. es 182-185
- Schriften zum Theater. Über eine nichtaristotelische Dramatik. Zusammengestellt von Siegfried Unseld. BS 41
- Schriften zur Politik und Gesellschaft. st 199
- Schweyk im zweiten Weltkrieg. es 132
- Stücke in einem Band. Gebunden
- Stücke. Bearbeitungen. 2 Bände. es 788/789
- Svendborger Gedichte. Mit dem Kommentar von Walter Benjamin »Zu den Svendborger Gedichten«. BS 335
- Trommeln in der Nacht. Komödie. es 490
- Über den Beruf des Schauspielers. Herausgegeben von Werner Hecht. es 384
- Über die bildenden Künste. Herausgegeben von Jost Hermand. es 691
- Über die irdische Liebe und andere gewisse Welträtsel in Liedern und Balladen. Auswahl Günter Kunert. Illustrationen von Klaus Ensikat. Mit einer Schallplatte, besungen von Helene Weigel und Bertolt Brecht. (Insel Verlag)

Bertolt Brecht
im Suhrkamp Verlag

Einzelausgaben:
- Über experimentelles Theater. Herausgegeben von Werner Hecht. es 377
- Über Lyrik. es 70
- Über Politik auf dem Theater. Herausgegeben von Werner Hecht. es 465
- Über Politik und Kunst. Herausgegeben von Werner Hecht. es 442
- Über Realismus. Herausgegeben von Werner Hecht. es 485

Materialien zu Brechts Werk:
- Brechts ›Aufhaltsamer Aufstieg des Arturo Ui‹. Herausgegeben von Raimund Gerz. 1983. stm. st 2029
- Brechts ›Gewehre der Frau Carrar‹. Herausgegeben von Klaus Bohnen. stm. st 2017
- Brechts ›Guter Mensch von Sezuan‹. Herausgegeben von Jan Knopf. stm. st 2021
- zu ›Der gute Mensch von Sezuan‹. es 247
- zu ›Der kaukasische Kreidekreis‹. es 155
- zu ›Die heilige Johanna der Schlachthöfe‹. es 427
- Brechts ›Mann ist Mann‹. Herausgegeben von Carl Wege. stm. st 2023
- Die Rundköpfe und die Spitzköpfe. Bühnenfassung, Einzelszenen, Varianten. Herausgegeben von Gisela Bahr. es 605
- Brechts ›Leben des Galilei‹. Herausgegeben von Werner Hecht. stm. st 2001
- zu ›Leben des Galilei‹. es 44
- Brechts ›Mutter Courage und ihre Kinder‹. Herausgegeben von Klaus-Detlef Müller. stm. st 2016
- zu ›Mutter Courage und ihre Kinder‹. es 50
- zu ›Die Mutter‹ (nach Gorki). Zusammengestellt von Werner Hecht. es 305
- Brechts Romane. Herausgegeben von Wolfgang Jeske. stm. st 2042
- zu ›Schweyk im zweiten Weltkrieg‹. Herausgegeben von Herbert Knust. es 604
- Brechts ›Tage der Commune‹. Herausgegeben von Wolf Siegert. stm. st 2031

Bertolt Brecht. Sein Leben in Bildern und Texten. Herausgegeben von Werner Hecht. Gestaltet von Willy Fleckhaus. Leinen

Bertolt Brecht
im Suhrkamp Verlag

Materialien zu Brechts Werk:
- Leben Brechts in Wort und Bild. Von Ernst und Renate Schumacher. Leinen

Bertolt Brecht – Leben und Werk in Daten und Bildern. Herausgegeben von Werner Hecht. it 406

Brecht im Gespräch. Diskussion, Dialoge, Interviews. Herausgegeben von Werner Hecht. es 771

Brecht in Augsburg. Erinnerungen, Texte, Fotos. Eine Dokumentation von W. Frisch und K. W. Obermeier. st 297

Auf Anregung Bertolt Brechts: Lehrstücke mit Schülern, Arbeitern, Theaterleuten. Herausgegeben von Reiner Steinweg. es 929

Brechts ›Kreidekreis‹, ein Revolutionsstück. Eine Interpretation von Betty Nance Weber. Mit Texten aus dem Nachlaß. es 928

Brechts Modell der Lehrstücke. Zeugnisse, Diskussion, Erfahrungen. Herausgegeben von Reiner Steinweg. es 751

Brecht-Journal. Herausgegeben von Jan Knopf. es 1191

Schallplatten:
Bertolt Brecht singt. Die Moritat von Mackie Messer. Lied von der Unzulänglichkeit menschlichen Strebens.